사경 및 공부 시리즈 ❿

지장경 (上)

- 도리천궁신통품 -

無一 우학 스님 편저

도서출판 좋은인연
한국불교대학 교재편찬회

불교한자 공부를 내면서

이 책이 한참 만들어 질 때쯤 저는 선방에서 정진중이었습니다.

가만히 앉아 있어도 땀이 줄줄 흐르는 뜨거운 여름날에 〈좋은인연〉의 가족들이 편집된 원고를 가지고 찾아왔습니다. 대충 훑어보니 짜임새있게 아주 잘 되었습니다.

일반인들이 불교를 이해하는 데도 도움이 될 뿐 아니라, 수행과목으로도 좋은 인연이 될 것으로 믿습니다.

이 교재는 우리 불자들이 주로 독송하는 경전을 다루었습니다.

즉 예불, 반야심경, 천수경, 화엄경 약찬게, 법성게, 아미타경, 금강경, 불교천자 등 16종의 경전 및 선문어록을 체계적으로 정리하였습니다.

이 책을 통해서 폭넓은 불교한자의 이해를 바라며 알고 믿는 참불자 되기를 기대합니다.

자료수집에 힘써 준 한국불교대학 전 학생에게 감사느리며, 특히 무착 권화송 법사님, 원산 임영하 법사님, 각명 이춘희 법사님, 승연심 보살님, 보현성 보살님, 자연화 보살님, 보리심 보살님, 상정진 보살님, 선유보 보살님, 이은경 보살님, 혜림지 보살님과 〈좋은인연〉의 가족에게 감사드립니다.

그리고 이 책을 인연한 모든 분들께 부처님의 가피가 함께 하기를 발원합니다.

대한불교조계종 한국불교대학 大관음사

無一 우학 합장

사경발원문

사경제자 _____ 합장

사경시작 _____

지 장 경

지장보살에 관한 경전으로 원제는 『지장보살본원경(地藏菩薩本願經)』이다.
석가모니 부처님이 도리천에서 어머니 마야부인(摩耶夫人)을 위하여 설법한 것을 모은 것으로 우리나라 지장신앙의 기본경전이다. 우리나라에서는 당(唐)나라의 실차난타(實叉難陀)가 번역한 것이 널리 유통되고 있다. 지장보살이 죄로 고통받는 중생을 평등하게 해탈하게 하려는 지장보살의 서원(誓願)을 말한 경전이다.

地 藏 經
지 장 경

忉利天宮神通品　第一
도리천궁신통품　　제일

如是我聞 하사오니　一時에　佛이　在忉利天하사　爲母說法하시니　爾
여시아문　　　일시　　불　　재도리천　　　위모설법　　　이

時에　十方無量世界의　不可說不可說一切諸佛　及大菩薩摩
시　　시방무량세계　　불가설불가설일체제불　　급대보살마

訶薩이　皆來集會하사　讚歎하사되　釋迦牟尼佛이　能於五濁惡世에
하살　　개래집회　　　찬탄　　　　석가모니불　　능어오탁악세

現　不可思議大智慧神通之力하사　調伏剛强衆生하사　知苦樂
현　 불가사의대지혜신통지력　　　조복강강중생　　　지고락

法이라하시고　各遣侍者하야　問訊世尊이시어늘　是時에　如來께서　含
법　　　　　　각견시자　　　문신세존　　　　　시시　　　여래　　　함

笑하시고　放百千萬億大光明雲하시니　所謂大圓滿光明雲과　大
소　　　　방백천만억대광명운　　　　소위대원만광명운　　 대

慈悲光明雲과　大智慧光明雲과　大般若光明雲과　大三昧光明
자비광명운　　 대지혜광명운　　 대반야광명운　　대삼매광명

雲과　大吉祥光明雲과　大福德光明雲과　大功德光明雲과　大
운　　대길상광명운　　 대복덕광명운　　 대공덕광명운　　 대

歸依光明雲과　大讚歎光明雲이러라　放如是等不可說光明雲
귀의광명운　　 대찬탄광명운　　　　방여시등불가설광명운

已하시고　又出種種微妙之音하시니　所謂檀波羅蜜音과　尸羅波
이　　　　우출종종미묘지음　　　　소위단바라밀음　　 시라바

羅蜜音과　羼提波羅蜜音과　毘離耶波羅蜜音과　禪波羅蜜音과
라밀음　　 찬제바라밀음　　비리야바라밀음　　 선바라밀음

般若波羅蜜音과　慈悲音과　喜捨音과　解脫音과　無漏音과　智
반야바라밀음　　 자비음　　희사음　　해탈음　　무루음　　지

慧音(혜음)과 大智慧音(대지혜음)과 獅子吼音(사자후음)과 大獅子吼音(대사자후음)과 雲雷音(운뢰음)과 大雲雷音(대운뢰음)이러라 出如是等不可說不可說音已(출여시등불가설불가설음이)하시니 娑婆世界(사바세계) 及他方國土(급타방국토)의 有無量億天龍鬼神(유무량억천룡귀신)도 亦集忉利天宮(역집도리천궁)하니 所謂四天王天(소위사천왕천)과 忉利天(도리천)과 須焰摩天(수염마천)과 兜率陀天(도솔타천)과 化樂天(화락천)과 他化自在天(타화자재천)과 梵衆天(범중천)과 梵輔天(범보천)과 大梵天(대범천)과 少光天(소광천)과 無量光天(무량광천)과 光音天(광음천)과 少淨天(소정천)과 無量淨天(무량정천)과 遍淨天(변정천)과 福生天(복생천)과 福愛天(복애천)과 廣果天(광과천)과 嚴飾天(엄식천)과 無量嚴飾天(무량엄식천)과 嚴飾果實天(엄식과실천)과 無想天(무상천)과 無煩天(무번천)과 無熱天(무열천)과 善見天(선견천)과 善現天(선현천)과 色究竟天(색구경천)과 摩醯首羅天(마혜수라천)과 乃至非想非非想處天(내지비상비비상처천)과 一切天衆(일체천중)과 龍衆(용중)과 鬼神等衆(귀신등중)으로 悉來集會(실래집회)하고 復有他方國土及娑婆世界(부유타방국토급사바세계)의 海神(해신)과 江神(강신)과 河神(하신)과 樹神(수신)과 山神(산신)과 地神(지신)과 川澤神(천택신)과 苗稼神(묘가신)과 晝神(주신)과 夜神(야신)과 空神(공신)과 天神(천신)과 飮食神(음식신)과 草木神(초목신)과 如是等神(여시등신)이 皆來集會(개래집회)하고 復有他方國土及娑婆世界(부유타방국토급사바세계)의 諸大鬼王(제대귀왕)하니 所謂惡目鬼王(소위악목귀왕)과 噉血鬼王(담혈귀왕)과 噉精氣鬼王(담정기귀왕)과 噉胎卵鬼王(담태란귀왕)과 行病鬼王(행병귀왕)과 攝毒鬼王(섭독귀왕)과 慈心鬼王(자심귀왕)과 福利鬼王(복리귀왕)과 大愛敬鬼王(대애경귀왕)인 如是等鬼王(여시등귀왕)도 皆來集會(개래집회)하나라 爾時(이시)에 釋迦牟尼佛(석가모니불)이 告文殊師(고문수사)

利法王子菩薩摩訶薩 하사되　汝觀是一切諸佛菩薩及天龍鬼
리법왕자보살마하살　　　여관시일체제불보살급천룡귀

神과　此世界와　他世界와　此國土와　他國土의　如是　今來集會
신　　차세계　　타세계　　차국토　　타국토　　여시　금래집회

到와　忉利天者하고　汝知數否아　文殊師利白佛言 하사되　世尊하
도　　도리천자　　　여지수부　　문수사리백불언　　　　세존

若以我神力으로　千劫을　測度이라도　不能得知하리이다　佛告文殊
약이아신력　　　천겁　　측탁　　　　불능득지　　　　　불고문수

師利하사되　吾以佛眼으로　觀이라도　猶不盡數하나니　此는　皆是地
사리　　　　오이불안　　　관　　　　유부진수　　　　차　　개시지

藏菩薩이　久遠劫來에　已度 當度 未度하고　已成就 當成就 未
장보살　　구원겁래　　이도 당도 미도　　　이성취 당성취 미

成就니라　文殊師利　白佛言하사대　世尊하　我已過去에　久修善
성취　　　문수사리　백불언　　　　세존　　아이과거　　구수선

根하야　證無礙智일새　聞佛所言하고　卽當信受어니와　小果聲聞과
근　　　증무애지　　　문불소언　　　즉당신수　　　　소과성문

天龍八部와　及未來世　諸衆生等은　雖聞如來誠實之語라도　必
천룡팔부　　급미래세　제중생등　　수문여래성실지어　　　필

懷疑惑하며　設使頂受라도　未免興謗하리니　唯願世尊은　廣說地
회의혹　　　설사정수　　　미면흥방　　　　유원세존　　　광설지

藏菩薩摩訶薩의　因地　作何行하며　立何願하야　而能成就不思
장보살마하살　　인지　작하행　　　입하원　　　이능성취부사

議事하소서　佛告文殊師利하사되　譬如三千大千世界에　所有草
의사　　　　불고문수사리　　　　비여삼천대천세계　　소유초

木叢林과　稻麻竹葦와　山石微塵의　一物一數로　作一恒河하고
목총림　　도마죽위　　산석미진　　일물일수　　작일항하

一恒河沙一沙로　一界하며　一界之內의　一塵으로　一劫하고　一
일항하사일사　　일계　　　일계지내　　일진　　　일겁　　　일

劫之內의　所積塵數를　盡充爲劫하여도　地藏菩薩이　證十地果
겁지내　　소적진수　　진충위겁　　　　지장보살　　증십지과

位以來가　千倍多於上喩어든　何況地藏菩薩의　在　聲聞辟支
위이래　　천부다어상유　　　하황지장보살　　　재　성문벽지

佛地리요 文殊師利여 此菩薩의 威神誓願은 不可思議하니 若
未來世에 有善男子善女人이 聞是菩薩名字하고 或讚歎커나
或瞻禮커나 或稱名커나 或供養커나 乃至彩畵刻鏤塑漆形像하면
是人은 當得百返生於三十三天하야 永不墮惡道하나니라 文殊
師利여 是地藏菩薩摩訶薩은 於過去久遠不可說不可說劫
前에 身爲大長者子니라 時世有佛하시니 號曰師子奮迅具足萬
行如來시니라 時에 長者子 見佛相好千福 莊嚴하고 因問彼
佛하사되 作何行願하사 而得此相이시니까 時에 師子奮迅具足萬
行如來가 告長者子하사되 欲證此身인데 當須久遠에 度脫一切
受苦衆生하라하시니라 文殊師利야 時에 長者子가 因發誓言하되
我今盡未來際不可計劫에 爲是罪苦六道衆生하야 廣說方
便하야 盡令解脫하여야 而我自身도 方成佛道하리라하고 以是로
於彼佛前에 立斯大願일새 于今 百千萬億那由他不可說劫에
尙爲菩薩이니라 又於過去不可思議 阿僧祇劫에 時世有佛하시니
號曰覺華定自在王如來요 彼佛壽命은 四百千萬億阿僧祇
劫이라 像法之中에 有一婆羅門女하니 宿福이 深厚하야 衆所

欽敬하고 行住坐臥에 諸天이 衛護러니 其母信邪하야 常輕三寶어늘 是時에 聖女 廣設方便하야 勸誘其母하야 令生正見이나 而此女母는 未全生信이라가 不久命終하야 魂神이 墮在無間地獄하니라 時에 婆羅門女 知母在世에 不信因果라 計當隨業하야 必生惡趣하고 遂賣家宅하야 廣求香華와 及諸供具하야 於先佛塔寺에 大興供養하다가 見覺華定自在王如來하니 其形像이 在一寺中이나 塑畵威容이 端嚴畢備어늘 時에 婆羅門女가 瞻禮尊容하고 倍生敬仰하야 私自念言하되 佛名大覺이라 具一切智하시니 若在世時런들 我母死後에 儻來問佛이면 必知處所리라 時에 婆羅門女 垂泣良久하야 瞻戀如來러니 忽聞空中聲曰泣者聖女야 勿至悲哀하라 我今示汝母之去處하리라 婆羅門女 合掌向空하고 而白天曰是何神德으로 寬我憂慮니이까 我自失母已來로 晝夜憶戀호되 無處可問知母生界니이다 時에 空中有聲하야 再報女曰我是汝所瞻禮者로 過去覺華定自在王如來러니 見汝憶母가 倍於常情衆生之分이라 故來告示하노라 婆羅門女가 聞此聲已하고 擧身自撲하야 支節皆損이어늘 左右扶

侍하야 良久方蘇하야 而白空曰 願佛慈愍하사 速說我母生
시   양구방소   이백공왈   원불자민   속설아모생

界하소서 我今 身心이 將死不久로소이다 時에 覺華定自在王如
계   아금 신심   장사불구   시   각화정자재왕여

來가 告聖女曰 汝供養畢하고 但早返舍하야 端坐思惟吾之名
래   고성녀왈 여공양필   단조반사   단좌사유오지명

號하면 卽當知母 所生去處하리라 時에 婆羅門女 尋禮佛已하고
호   즉당지모 소생거처   시   바라문녀 심례불이

卽歸其舍하야 以憶母故로 端坐 念 覺華定自在王如來하며 經
즉귀기사   이억모고   단좌 념 각화정자재왕여래   경

一日一夜러니 忽見自身이 到一海邊하니 其水湧沸하고 多諸惡
일일일야   홀견자신   도일해변   기수용비   다제악

獸호대 盡復鐵身으로 飛走海上하며 東西馳逐하고 見諸男子女
수   진부철신   비주해상   동서치축   견제남자여

人百千萬數가 出沒海中이라가 被諸惡獸의 爭取食噉하며 又見
인백천만수   출몰해중   피제악수   쟁취식담   우견

夜叉하니 其形이 各異하야 或多手多眼하며 多足多頭라 口牙
야차   기형   각이   혹다수다안   다족다두   구아

外出하야 利刃如鉤하야 驅諸罪人하야 使近惡獸며 復自搏攫하며
외출   이인여구   구제죄인   사근악수   부자박확

頭足相就하니 其形이 萬類라 不敢久視러라 時에 婆羅門女는
두족상취   기형   만류   불감구시   시   바라문녀

以念佛力故로 自然無懼러니 有一鬼王하니 名曰無毒이라 稽首
이념불력고   자연무구   유일귀왕   명왈무독   계수

來迎하며 白聖女曰善哉라 菩薩은 何緣으로 來此이니까 時에 婆羅
내영   백성녀왈선재   보살   하연   내차   시   바라

門女가 問鬼王曰此是何處이니까 無毒이 答曰 此是大鐵圍山
문녀   문귀왕왈차시하처   무독   답왈 차시대철위산

西面第一中海니다 聖女問曰我聞鐵圍之內에 地獄在中이라하니
서면제일중해   성녀문왈아문철위지내   지옥재중

是事實不아 無毒이 答曰實有地獄이니다 聖女 問曰我今云何
시사실부   무독   답왈실유지옥   성녀 문왈아금운하

得到獄所오 無毒이 答曰若非威神이면 卽須業力이니 非此二
事면 終不能到니이다 聖女又問 此水는 何緣으로 而乃湧沸하며
多諸罪人과 及以惡獸이니까 無毒이 答曰此是南閻浮提造惡
衆生의 新死之者로 經四十九日하되 無人繼嗣 爲作功德하야
救拔苦難하며 生時에 又無善因일새 當據本業所感地獄하야 自
然先度此海나이다 海東十萬由旬에 又有一海하니 其苦倍此하고
彼海之東에 又有一海하니 其苦復倍라 三業惡因之所招感일새
共號業海라하니 其處是也니이다 聖女 又問鬼王無毒曰地獄은 何
在오 無毒이 答曰三海之內는 是大地獄이라 其數百千이로되
各各差別하니 所謂大者는 具有十八하고 次有五百하니 苦毒이
無量하며 次有千百하니 亦無量苦니이다 聖女 又問大鬼王曰我
母死來未久하야 不知魂神이 當至何趣니이까 鬼王이 問 聖女
曰菩薩之母는 在生에 習何行業이니까 聖女 答曰我母는 邪見
으로 譏毁三寶하고 設或暫信이나 旋又不敬하였으니 死雖日淺이나
未知何處니다 無毒이 問曰菩薩之母는 姓氏何等고 聖女 答
曰我父我母는 俱婆羅門種이니 父號는 尸羅善見이오 母號는

悅帝利니이다 無毒이 合掌하고 啓菩薩曰願 聖者는 却返하사 無
열제리   무독   합장   계보살왈원 성자   각반   무

至憂憶悲戀하소서 悅帝利罪女 生天以來로 經今三日云하니 承
지우억비련   열제리죄녀 생천이래 경금삼일운   승

孝順之子爲母 設供修福하야 布施 覺華定自在王如來塔寺하니
효순지자위모 설공수복   보시 각화정자재왕여래탑사

非惟菩薩之母得脫地獄이라 應是無間에 此日罪人이 悉得受
비유보살지모득탈지옥   응시무간   차일죄인   실득수

樂하여 俱同生訖이니다 鬼王이 言畢에 合掌而退어늘 婆羅門女
락   구동생흘   귀왕   언필   합장이퇴   바라문녀

尋如夢歸하야 悟此事已하고 便於覺華 定自在王如來塔像之
심여몽귀   오차사이   변어각화 정자재왕여래탑상지

前에 立弘誓願하되 願我盡未來劫토록 應有罪苦衆生을 廣說
전   입홍서원   원아진미래겁   응유죄고중생   광설

方便하야 使令解脫이라하니라 佛告文殊師利하사되 時鬼王無毒者는
방편   사령해탈   불고문수사리   시귀왕무독자

當今財首菩薩이 是요 婆羅門女者는 卽地藏菩薩이 是니라
당금재수보살   시 바라문녀자   즉지장보살   시

地	藏	經	忉	利	天	宮	神	通	品
땅 지	감출 장	불경 경	근심할 도	편할 리	하늘 천	집 궁	귀신 신	통할 통	종류 품
土 6획	艹 18획	糸 13획	心 5획	刂 7획	大 4획	宀 10획	示 10획	辶 11획	口 9획

지장경(地藏經)

　　지장보살에 관한 경전. 원제는 ≪지장보살본원경(地藏菩薩本願經)≫이다. 석가모니 부처님이 도리천에서 어머니 마야부인(摩耶夫人)을 위하여 설법한 것을 모은 것으로 우리나라 지장신앙의 기본경전이다. 우리나라에서는 당(唐)나라의 실차난타(實叉難陀)가 번역한 것이 널리 유통되고 있다. 지장보살이 죄로 고통받는 중생을 평등하게 해탈하게 하려는 지장보살의 서원(誓願)을 말한 경전이다.

第	一	如	是	我	聞	一	時	佛	在
차례 제	하나 일	같을 여	이 시	나 아	들을 문	한 일	때 시	부처님 불	있을 재
竹 11획	一 1획	女 6획	日 9획	戈 7획	耳 14획	一 1획	日 10획	人 7획	土 6획
第	一	如	是	我	聞	一	時	佛	在
第	一	如	是	我	聞	一	時	佛	在
第	一	如	是	我	聞	一	時	佛	在

도리천궁신통품제일(忉利天宮神通品第一)

　　제일품, 도리천궁에서 신통을 나투다.

　도리천(忉利天) : 남섬부주의 위에 8만 유순되는 수미산 꼭대기에 있다. 중앙에 선견성(善見城)이 있는데 여기에 제석천(帝釋天)이 있고 4방에 각각 8성이 있어서 모두 32성인데 제석천의 선견성을 합하여 33천이라 한다.

여시아문(如是我聞)

　　이와같이 나는 들었다.

忉	利	天	爲	母	說	法	爾	時	十
근심할 도	이로울 리	하늘 천	위할 위	어미 모	말씀 설	법 법	그 이	때 시	열 십
心 5획	刀 7획	大 4획	爪 12획	母 5획	言 14획	氵 8획	爻 14획	日 10획	十 2획

일시불 재도리천(一時拂 在忉利天)

　한때에 부처님께서 도리천에 계시면서

위모설법(爲母說法)

　어머니를 위해 설법하시었는데

方	無	量	世	界	不	可	說	不	可
방위 방	없을 무	헤아릴 량	세상 세	지경 계	아닐 불	가히 가	말씀 설	아닐 불	가히 가
方 4획	灬 12획	里 12획	一 5획	田 8획	一 4획	口 5획	言 14획	一 4획	口 5획

이시 시방무량세계(爾時 十方無量世界)
    이때에 시방의 한량없는 세계에서

説	一	切	諸	佛	及	大	菩	薩	摩
말씀 설	한 일	모두 체	모두 제	부처님 불	미칠 급	클 대	보살 보	보살 살	만질 마
言 14획	一 1획	刀 4획	言 16획	人 7획	又 4획	大 3획	⺾ 12획	⺾ 18획	手 15획
説	一	切	諸	佛	及	大	菩	薩	摩
説	一	切	諸	佛	及	大	菩	薩	摩
説	一	切	諸	佛	及	大	菩	薩	摩

불가설 불가설 일체제불(不可說 不可說 一切諸佛)
　　말로써는 다 표현할 수 없는 많은 부처님과
급대보살마하살(及大菩薩摩訶薩)
　　큰 보살과 마하살이
★切(체) : 모두 체, 온통 체, 간절할 절, 끊을 절

訶	薩	皆	來	集	會	讚	歎	釋	迦
마하 마	보살 살	다 개	올 래	모일 집	모일 회	기릴 찬	기릴 탄	부처이름석	부처이름가
言 12획	艹 획	白 획	人 8획	隹 12획	曰 13획	言 26획	木 15획	釆 20획	辶 9획

마하살(摩訶薩) : 마하살타(摩訶薩埵)의 약칭. 마하는 크다의 뜻이므로 대사(大士), 대유정(大有情)이라 함. 부처님을 빼고는 중생 가운데서 맨 윗자리에 있는 보살.

★摩(마) : 만질 마, 가까워질 마, 마찰할 마, 갈 마

개래집회 찬탄(皆來集會 讚歎)
　　모두 한곳에 모여 찬탄하기를

牟	尼	佛	能	於	五	濁	惡	世	現
보리 모	여승 리	부처님 불	능할 능	어조사 어	다섯 오	탁할 탁	나쁠 악	세상 세	나타날 현
牛 6획	尸 5획	人 7획	肉 10획	方 8획	二 4획	氵 16획	心 12획	一 5획	王 11획

석가모니불 능어오탁악세(釋迦牟尼佛 能於五濁惡世)

　석가모니 부처님께서는 능히 오탁악세에서

　오탁악세(五濁惡世) : 五가지 부정이 차 있는 말세

　오탁(五濁) : ①겁탁(劫濁) - 기근, 역병, 천재, 전쟁 등의 사회악이 있는 시대
　　　　　　②견탁(見濁) - 모든 사악한 사상과 견해가 무성한 것
　　　　　　③번뇌탁(煩惱濁) - 탐심과 진심등의 번뇌가 많은것
　　　　　　④중생탁(衆生濁) - 몸과 마음이 다 함께 자질이 낮은것
　　　　　　⑤명탁(命濁) - 인간의 수명이 짧아지는것

不	可	思	議	大	智	慧	神	通	之
아닐 불	가히 가	생각할 사	의논할 의	클 대	슬기 지	슬기 혜	신통할 신	통할 통	어조사 지
一 4획	口 5획	心 9획	言 20획	大 3획	日 12획	心 15획	示 10획	辶 11획	丶 4획

현불가사의대지혜 신통지력(現不可思議大智慧 神通之力)

  불가사의한 큰 지혜와 신통한 힘을 나타내시어

力	調	伏	剛	强	衆	生	知	苦	樂
힘 력	고를 조	굴복할 복	억셀 강	억지쓸 강	무리 중	날 생	알 지	괴로울 고	즐길 락
力 2획	言 15획	人 6획	刂 10획	己 11획	血 5획	生 5획	矢 8획	艹 9획	木 15획

조복강강중생 지고락법(調伏剛强衆生 知苦樂法)

억세고 거치른 중생들을 조복하여 고락의 법을 알게 하신다고 하면서

조복(調伏): 마음과 몸을 조화하여 여러가지 악행을 굴복시킴.

法	各	遣	侍	者	問	訊	世	尊	是
법 법	제각기 각	보낼 견	모실 시	사람 자	안부물을 문	물을 신	세상 세	높을 존	이 시
氵 8획	口 6획	辶 14획	人 8획	耂 9획	口 11획	言 10획	一 5획	寸 12획	日 9획

각견시자 문신세존 (各遣侍者 問訊世尊)

　모두 시자들을 파견하여 세존께 문안을 드리게 했다.

時	如	來	含	笑	放	百	千	萬	億
때 시	같을 여	올 래	머금을 함	웃을 소	놓을 방	일백 백	일천 천	일만 만	억 억
日 10획	女 6획	人 8획	口 7획	竹 10획	攵 8획	白 6획	十 3획	艹 13획	人 15획

시시 여래함소(是時 如來含笑)
　　이때에 여래께서는 웃음을 머금으시고
방백천만억대광명운(放百千萬億大光明雲)
　　백천만억의 대광명의 구름을 놓으시었다.

大	光	明	雲	所	謂	大	圓	滿	光
클 대	빛 광	밝을 명	구름 운	바 소	이를 위	클 대	둥글 원	찰 만	빛 광
大 15획	儿 3획	日 8획	雨 12획	戶 8획	言 16획	大 3획	囗 13획	氵 14획	儿 6획
大	光	明	雲	所	謂	大	圓	滿	光
大	光	明	雲	所	謂	大	圓	滿	光
大	光	明	雲	所	謂	大	圓	滿	光

소위대원만광명운(所謂大圓滿光明雲)

    이른바 대원만(大圓滿)광명운이며

  원만(圓滿) : 성격이나 하는 짓이 모나지 않고 너그러움.

明	雲	大	慈	悲	光	明	雲	大	智
밝을 명	구름 운	클 대	사랑 자	슬플 비	빛 광	밝을 명	구름 운	클 대	슬기 지
日 8획	雨 12획	大 3획	心 14획	心 12획	儿 6획	日 8획	雨 12획	大 3획	日 12획

대자비광명운(大慈悲光明雲)
　　대자비(大慈悲)광명운이며
대지혜광명운(大智慧光明雲)
　　대지혜(大智慧)광명운이며

慧	光	明	雲	大	般	若	光	明	雲
슬기 혜	빛 광	밝을 명	구름 운	클 대	돌아올 반	반야 야	빛 광	밝을 명	구름 운
心 15획	儿 6획	日 8획	雨 12획	大 3획	舟 10획	++ 9획	儿 6획	日 8획	雨 12획
慧	光	明	雲	大	般	若	光	明	雲
慧	光	明	雲	大	般	若	光	明	雲
慧	光	明	雲	大	般	若	光	明	雲

대반야광명운(大般若光明雲)

대반야(大般若)광명운이며

반야(般若) : 분별이나 망상을 떠나 깨달음과 참 모습을 환히 아는 지혜. 이 지혜를 얻어야 성불한다.

大	三	昧	光	明	雲	大	吉	祥	光
클 대	석 삼	어두울매	빛 광	밝을 명	구름 운	클 대	좋을 길	상서로울상	빛 광
大 3획	一 3획	日 9획	儿 6획	日 8획	雨 12획	大 3획	口 6획	示 11획	儿 6획

대삼매광명운(大三昧光明雲)

    대삼매(大三昧)광명운이며

  삼매(三昧) : 오직 한가지 일에만 마음을 모아 생각하는 경지, 정신이 통일된 경지

대길상광명운(大吉祥光明雲)

    대길상(大吉祥)광명운이며

  길상(吉祥) : 좋은 조짐, 좋고 상서로움.

明	雲	大	福	德	光	明	雲	大	功
밝을 명	구름 운	클 대	복 복	덕 덕	빛 광	밝을 명	구름 운	클 대	공 공
日 8획	雨 12획	大 3획	示 14획	彳 15획	儿 6획	日 8획	雨 12획	大 3획	力 5획
明	雲	大	福	德	光	明	雲	大	功
明	雲	大	福	德	光	明	雲	大	功
明	雲	大	福	德	光	明	雲	大	功

대복덕광명운(大福德光明雲)

　대복덕(大福德)광명운이며

　복덕(福德) : 타고난 복과 후한 마음, 타고난 행복

德	光	明	雲	大	歸	依	光	明	雲
덕 덕	빛 광	밝을 명	구름 운	클 대	돌아갈 귀	의지할 의	빛 광	밝을 명	구름 운
彳 15획	儿 6획	日 8획	雨 12획	大 3획	止 8획	亻 8획	儿 6획	日 8획	雨 12획
德	光	明	雲	大	歸	依	光	明	雲
德	光	明	雲	大	歸	依	光	明	雲
德	光	明	雲	大	歸	依	光	明	雲

대공덕광명운(大功德光明雲)
  대공덕(大功德)광명운이며
 공덕(功德) : 닦아서 이룬 공적과 덕을 다른 사람에게 미치게 하는 일. 착한 일을 많이 한힘.
대귀의광명운(大歸依光明雲)
  대귀의(大歸依)광명운이며
 귀의(歸依) : 불교를 깊이 믿어 불타와 불법에 의지함. 돌아와 의지함.

大	讚	歎	光	明	雲	放	如	是	等
클 대	기릴 찬	기릴 탄	빛 광	밝을 명	구름 운	놓을 방	같을 여	이 시	같을 등
大 3획	言 26획	欠 15획	儿 6획	日 8획	雨 12획	攵 8획	女 6획	日 9획	竹 12획

대찬탄광명운(大讚歎光明雲)

　　대찬탄(大讚歎)광명운이며

　찬탄 : 칭찬하거나 찬양하여 감탄함.

不	可	說	光	明	雲	已	又	出	種
아니 불	가히 가	말씀 설	빛 광	밝을 명	구름 운	이미 이	또 우	날 출	종류 종
一 4획	口 5획	言 14획	儿 6획	日 8획	雨 12획	己 3획	又 2획	凵 5획	禾 14획

방여시등불가설광명운이(放如是等不可說光明雲已)

　이와같은 말로는 다 나타낼 수 없는 많은 광명의 구름을 놓으신 뒤에

★已(이):이미 이, 그칠 이, 말 이, 너무 이, 뿐 이, 따름 이,(여기서는)마칠 이

　〔참고〕 己:몸 기, 사사 기(私也)　巳:뱀 사, 여섯째지지(地支) 사

種	微	妙	之	音	所	謂	檀	波	羅
종류 종	가늘 미	묘할 묘	어조사 지	소리 음	바 소	이를 위	박달나무단	바라밀 바	벌릴 라
禾 14획	彳 13획	女 7획	丿 4획	音 9획	戶 8획	言 16획	木 17획	氵 8획	罒 획
種	微	妙	之	音	所	謂	檀	波	羅
種	微	妙	之	音	所	謂	檀	波	羅
種	微	妙	之	音	所	謂	檀	波	羅

우출종종미묘지음(又出種種微妙之音)

또한 갖가지의 미묘한 음성을 내시었다.

微妙(미묘) : 자세하고 깊이가있어 잘 되어있음. 이상야릇하여 알 수가 없음. 현묘(玄妙), 정묘(精妙)

★微(미) : 가늘 미, 작을 미, 희미할 미, 없을 미, 숨길 미

소위단바라밀음(所謂檀波羅蜜音)

이른바 단바라밀음이며

단바라밀(檀波羅蜜) : 보시바라밀(布施波羅蜜)

★檀(단) : dāna. 檀那. 번역하여 보시라함.

蜜	音	尸	羅	波	羅	蜜	音	羼	提
꿀 밀	소리 음	죽음 시	비단 라	바라밀 바	벌릴 라	꿀 밀	소리 음	양서로섞일찬	끌 제
虫 14획	音 9획	尸 3획	罒 19획	氵 8획	罒 19획	虫 14획	音 9획	羊 21획	扌 12획
蜜	音	尸	羅	波	羅	蜜	音	羼	提
蜜	音	尸	羅	波	羅	蜜	音	羼	提
蜜	音	尸	羅	波	羅	蜜	音	羼	提

시라바라밀음(尸羅波羅蜜音)

　　시라바라밀음이며

　시라바라밀(尸羅波羅蜜) : 지계(持戒)바라밀. 시라(尸羅) : śila. 계율

波	羅	蜜	音	毘	離	耶	波	羅	蜜
바라밀 바	벌릴 라	꿀 밀	소리 음	도울 비	떠날 리	그런가 야	바라밀 바	벌릴 라	꿀 밀
氵 8획	罒 19획	虫 14획	音 9획	比 9획	隹 19획	耳 9획	氵 8획	罒 19획	虫 14획
波	羅	蜜	音	毘	離	耶	波	羅	蜜
波	羅	蜜	音	毘	離	耶	波	羅	蜜
波	羅	蜜	音	毘	離	耶	波	羅	蜜

찬제바라밀음(羼提波羅蜜音)

    찬제바라밀음이며

  찬제바라밀(羼提波羅蜜) : 인욕(忍辱)바라밀. 찬제(羼提) : ksāti, 인욕

비리야바라밀음(毘離耶波羅蜜音)

    비리야(毘離耶)바라밀음이며

  비리야바라밀 : 정진바라밀(精進波羅蜜), 비리야(毘離耶) : virya의 음역. 정진(精進)

音	禪	波	羅	蜜	音	般	若	波	羅
소리 음	고요할 선	바라밀 바	벌릴 라	꿀 밀	소리 음	일반 반	반야 야	바라밀 바	벌릴 라
音 9획	示 17획	氵 8획	罒 19획	虫 14획	音 9획	舟 10획	艹 9획	氵 8획	罒 19획

선바라밀음(禪波羅蜜音)

　　선바라밀음이며

　선바라밀 : 선정(禪定)바라밀

　선(禪) : dhyāna의 음역. 선나(禪那), 선정(禪定)이라 번역함.

반야바라밀음(般若波羅蜜音)

　　반야(般若)바라밀음이며

　반야바라밀 : 지혜바라밀

　반야(般若) : prajñā의 음역. 혜(慧), 지혜(智慧)라 번역함.

蜜	音	慈	悲	音	喜	捨	音	解	脫
꿀 밀	소리 음	사랑 자	슬플 비	소리 음	기쁠 희	베풀 사	소리 음	풀 해	벗을 탈
虫 14획	音 9획	心 14획	心 12획	音 9획	口 12획	扌 11획	音 9획	角 13획	月 11획
蜜	音	慈	悲	音	喜	捨	音	解	脫
蜜	音	慈	悲	音	喜	捨	音	解	脫
蜜	音	慈	悲	音	喜	捨	音	解	脫

자비음 희사음(慈悲音 喜捨音)

자비(慈悲)음이며, 희사(喜捨)음이며

희사 : 기쁘게 재물을 베풀어 줌. 주로 삼보에 공양하기 위하여 돈이나 물건을 보시하는 것.

音	無	漏	音	智	慧	音	大	智	慧
소리 음	없을 무	샐 루	소리 음	지혜 지	슬기 혜	소리 음	클 대	지혜 지	슬기 혜
音 9획	灬 12획	氵 14획	音 9획	日 12획	心 15획	音 9획	大 3획	日 12획	心 15획
音	無	漏	音	智	慧	音	大	智	慧
音	無	漏	音	智	慧	音	大	智	慧
音	無	漏	音	智	慧	音	大	智	慧

해탈음 무루음(解脫音 無漏音)

해탈(解脫)음이며, 무루(無漏)음이며

해탈: 번뇌의 속박을 풀어 삼계의 업고에서 벗어남.

무루: 漏(루)는 누설, 누출의 뜻으로 모든 번뇌를 말하므로 무루는 번뇌가 없어진 경지이다.

지혜음 대지혜음(智慧音 大智慧音)

지혜(智慧)음이며, 대지혜음이며

音	獅	子	吼	音	大	獅	子	吼	音
소리 음	사자 사	사자 자	사자우는소리후	소리 음	클 대	사자 사	사자 자	사자우는소리후	소리 음
音 9획	犭13획	子 3획	口 7획	音 9획	大 3획	犭13획	子 3획	口 7획	音 9획
音	獅	子	吼	音	大	獅	子	吼	音
音	獅	子	吼	音	大	獅	子	吼	音
音	獅	子	吼	音	大	獅	子	吼	音

사자후음 대사자후음(獅子吼音 大獅子吼音)

사자후음이며, 대사자후음이며

사자후(獅子吼) : '사자의 으르렁 거림'이란 뜻으로 '크게 부르짖어 열변을 토하는 연설'을 일컫는 말.

雲	雷	音	大	雲	雷	音	出	如	是
구름 운	천둥 뢰	소리 음	클 대	구름 운	천둥 뢰	소리 음	날 출	같을 여	이 시
雨 12획	雨 13획	音 9획	大 3획	雨 12획	雨 13획	音 9획	凵 5획	女 6획	日 9획

운뢰음 대운뢰음(雲雷音 大雲雷音)

운뢰(雲雷)음이며, 대운뢰음이다.

운뢰음(雲雷音) : 으르렁 울리는 천둥소리.

等	不	可	說	不	可	說	音	已	娑
같을 등	아니 불	가히 가	말씀 설	아니 불	가히 가	말씀 설	소리 음	말 이	세상 사
竹 12획	一 4획	口 5획	言 14획	一 4획	口 5획	言 14획	音 9획	已 3획	女 11획

출여시등불가설불가설음이(出如是等不可說不可說音已)

이와같은 말로는 다할 수 없는 소리를 내시었다.

婆	世	界	及	他	方	國	土	有	無
춤추는모양바	인간 세	경계 계	미칠 급	다를 타	방위 방	나라 국	땅 토	있을 유	없을 무
女 11획	一 5획	田 9획	又 4획	人 5획	方 4획	口 11획	土 3획	月 6획	灬 12획

사바세계급타방국토(娑婆世界及他方國土)

　사바세계와 다른 곳의 국토에 있는

量	億	天	龍	鬼	神	亦	集	到	忉
헤아릴 량	억 억	하늘 천	용 룡	귀신 귀	귀신 신	또한 역	모일 집	이를 도	근심할 도
里 12획	人 15획	大 4획	龍 11획	鬼 10획	示 10획	亠 6획	隹 12획	刂 6획	忄 5획

유무량억 천룡귀신(有無量億 天龍鬼神)
  무량억수의 천·용·귀신들도
 天(천) : 육취(六趣)가운데 최고, 최승(最勝)의 유정(有情)의 생존
        욕계 6천, 색계 18천 무색계 4천이 있다.
 龍(용) : nāga. 팔부신중(八部神衆)의 하나.
        불법을 수호하는 용신으로 바람·구름·비를 변화시킨다고 함.

역집도 도리천궁(亦集到 忉利天宮)
  또한 도리천궁에 모여 들었는데
   ★利(리) : 이로울 리, 편리할 리, 이자 리, 예리할 리, 통할 리

利	天	宮	所	謂	四	天	王	天	忉
이로울 리	하늘 천	대궐 궁	바 소	이를 위	넉 사	하늘 천	임금 왕	하늘 천	근심할 도
刂 7획	大 4획	宀 10획	戶 8획	言 16획	口 5획	大 4획	王 4획	大 4획	忄 5획

소위사천왕천 도리천(所謂四天王天 忉利天)

이른바 사천왕(四天王)천이며, 도리천이며

사천왕(四天王) : 욕계 6천의 제 1인 수미(須彌)의 사주(四洲)를 수호하는 신. 동주(東洲)를 수호하는 지국천왕(持國天王), 남주를 수호하는 증장천왕(增長天王), 서주를 수호하는 광목천왕(廣目天王), 북주를 수호하는 다문천왕(多聞天王).

사천왕천(四天王天) : 사천왕이 거주하는 하늘.

利	天	須	焰	摩	天	兜	率	陀	天
이로울 리	하늘 천	잠깐 수	불꽃 염	갈 마	하늘 천	투구 도	거느릴 솔	비탈질 타	하늘 천
刂 7획	大 4획	頁 12획	火 11획	手 15획	大 4획	儿 11획	玄 11획	阝 8획	大 4획

수염마천 도솔타천(須焰摩天 兜率陀天)

　　수염마(須焰摩)천이며, 도솔타(兜率陀)천이며

　수염마천(須焰摩天) : 야마천(夜摩天), 욕계 제 3천.

　도솔타천(兜率陀天) : 도솔천, 욕계 제 4천.

化	樂	天	他	化	自	在	天	梵	衆
화할 화	즐길 락	하늘 천	다를 타	화할 화	스스로 자	있을 재	하늘 천	범어 범	무리 중
匕 4획	木 15획	大 4획	人 5획	匕 4획	自 6획	土 6획	大 4획	木 11획	血 12획

화락천(化樂天)
　　화락(化樂)천이며
　화락천(化樂天) : 욕계 제 5천.

타화자재천 범중천(他化自在天 梵衆天)
　　타화자재(他化自在)천이며, 범중(梵衆)천이며
　타화자재천 : 욕계에서 가장 높은데 있는 하늘. 욕계천의 임금인 마왕이 있는 하늘. 이 하늘은
　　　　　　　남의 즐거움을 자유로이 자기의 쾌락으로 삼는 까닭에 타화자재천이라 한다.
　범중천 : 색계 초선천(初禪天)의 첫번째 하늘. 대범왕(大梵王)이 통솔하는 천인들이 살고 있으
　　　　　므로 범중천이라 한다. 천인들의 키는 반유순(半由旬)이며 수명은 반겁(半劫)이다.

天	梵	輔	天	大	梵	天	少	光	天
하늘 천	범어 범	도울 보	하늘 천	클 대	범어 범	하늘 천	적을 소	빛날 광	하늘 천
大 4획	木 11획	車 14획	大 4획	大 3획	大 11획	大 4획	小 4획	儿 6획	大 4획

범보천 대범천(梵輔天 大梵天)
   범보(梵輔)천이며, 대범(大梵)천이며

범보천 : 색계 초선천의 중앙, 곧 두번째 하늘. 이 하늘의 천중(天衆)들은 모두 색계 초선천의 주인 대범천왕을 돕는 신하들.

대범천 : 색계 초선천의 제3, 곧 초선천의 주재자인 대범천왕이 있는곳. 대범천왕의 키는 1유순 반이며, 수명은 1겁 반이라 한다.

소광천 무량광천(少光天 無量光天)
   소광(少光)천이며, 무량광(無量光)천이며

無	量	光	天	光	音	天	少	淨	天
없을 무	헤아릴 량	빛날 광	하늘 천	빛날 광	소리 음	하늘 천	적을 소	깨끗할 정	하늘 천
灬 12획	里 12획	儿 6획	大 4획	儿 6획	音 9획	大 4획	小 4획	氵 11획	大 4획

소광천 : 색계 이선천(二禪天)의 첫째 하늘.

무량광천 : 색계 이선천의 제 2, 곧 가운데 하늘. 색계 총 18천 중에서는 제 5천. 이 하늘에 태어나면 몸으로 광명을 놓는 것이 한량없다는 뜻으로 이같이 부름.

광음천 소정천(光音天 少淨天)

광음(光音)천이며, 소정(少淨)천이며

광음천 : 색계 제 이선천 중의 제 3천. 이 하늘 중생은 음성이 없고 말할 때에는 입으로 광명을 내어 의사를 교환한다.

無	量	淨	天	遍	淨	天	福	生	天
없을 무	헤아릴 량	깨끗할 정	하늘 천	두루 변	깨끗할 정	하늘 천	복 복	날 생	하늘 천
灬 12획	里 12획	冫 11획	大 4획	辶 11획	冫 11획	大 4획	示 14획	生획	大 4획

　소정천: 색계 18천 가운데 제 7, 곧 삼선천의 제 1천. 이 하늘의 의식은 즐겁고 청정하다는 뜻으로 정(淨)이라 하고 삼선천 중에 가장 저열하므로 소(少)라 함.

무량정천(無量淨天)
　무량정(無量淨)천이며
　무량정천: 색계 3선천 중의 제 2천. 마음에 즐거운 감각만 있으며 이 하늘에 나는 이의 키는 32유순이며, 수명은 32겁이다.

변정천 복생천(遍淨天 福生天)
　변정(遍淨)천이며, 복생(福生)천이며

福	愛	天	廣	果	天	嚴	飾	天	無
복 복	사랑 애	하늘 천	넓을 광	과연 과	하늘 천	엄할 엄	꾸밀 식	하늘 천	없을 무
示 14획	心 13획	大 4획	广 15획	木 8획	大 4획	口 20획	食 14획	大 4획	灬 12획
福	愛	天	廣	果	天	嚴	飾	天	無
福	愛	天	廣	果	天	嚴	飾	天	無
福	愛	天	廣	果	天	嚴	飾	天	無

변정천 : 색계 제 3선천의 제 3천. 이 하늘은 거룩하고 깨끗하고 아름다우며 즐거움이 가득 찼다는 뜻으로 변정이라함.

복생천 : 색계 4선천의 제 2천. 키는 250유순, 수명은 250겁.

복애천(福愛天)
  복애(福愛)천이며

광과천 엄식천(廣果天 嚴飾天) : 광과(廣果)천이며, 엄식(嚴飾)천이며
  광과천 : 제 4선천의 제 3위. 제 4선천 중에서 범부가 사는 하늘 가운데서 제일 좋은 곳이다.
        이 하늘 사람의 키는 5백유순이며 수명은 3겁.

量	嚴	飾	天	嚴	飾	果	實	天	無
헤아릴 량	엄할 엄	꾸밀 식	하늘 천	엄할 엄	꾸밀 식	과연 과	열매 실	하늘 천	없을 무
里 12획	口 20획	食 14획	大 4획	口 20획	食 14획	木 8획	宀 14획	大 4획	灬 12획

무량엄식천(無量嚴飾天)

무량엄식천이며

엄식천, 무량엄식천 : 엄식(嚴飾)은 장엄(莊嚴), 화엄(華嚴)의 뜻이므로 엄식천은 연화장세계(蓮華藏世界), 무량엄식천은 중중무진(重重無盡), 한량없는 연화장장엄세계해(蓮華藏莊嚴世界海), 곧 화엄법계, 이천(理天)을 말한다.

엄식과실천(嚴飾果實天)

엄식과실(嚴飾果實)천이며

想	天	無	煩	天	無	熱	天	善	見
생각할 상	하늘 천	없을 무	번민할 번	하늘 천	없을 무	더울 열	하늘 천	선할 선	볼 견
心 13획	大 4획	灬 12획	火 13획	大 4획	灬 12획	灬 15획	大 4획	口 12획	見 7획

무상천(無想天): 무상(無想)천이며

　무상천: 색계 4선천 중에서 제 4천. 무상정(無想定)을 수행함으로서 도달하는 경지. 외도는 이 것을 최고의 니르바나의 경지라고 간주한다.

무번천 무열천(無煩天 無熱天): 무번(無煩)천이며, 무열(無熱)천이며

　무번천: 색계 4선천 중에 제 5천. 이 하늘은 욕계의 괴로움과 색계의 즐거움을 다 버려서 몸과 마음을 번거롭게 하는 일이 없으므로 이같이 말함.

　무열천: 색계 4선천 중에 제 6천. 이 하늘 사람은 의지하는 마음도 의지할 대상도 없이 청정자 재하여 열뇌(熱惱)가 없으므로 이 같이 말함.

天	善	現	天	色	究	竟	天	摩	醯
하늘 천	착할 선	나타날 현	하늘 천	빛 색	마칠 구	다할 경	하늘 천	갈 마	초 혜
大 4획	口 12획	王 11획	大 4획	色 6획	穴 7획	立 11획	大 4획	手 15획	酉 19획
天	善	現	天	色	究	竟	天	摩	醯
天	善	現	天	色	究	竟	天	摩	醯
天	善	現	天	色	究	竟	天	摩	醯

선견천 선현천(善見天 善現天)

　　선견(善見)천 이며, 선현(善現)천이며

　선견천 : 색계 4선천 가운데 5정거천(淨居天)이 있는데 그 중의 하나.
　선현천 : 색계 4선천 가운데 5정거천이 있는데 그 중의 하나. 하늘 무리의 선묘한 과보가 나타나므로 이렇게 부른다.

색구경천 마혜수라천(色究竟天 摩醯首羅天) : 색구경(色究竟)천이며, 마혜수라(摩醯首羅)천이며

　색구경천 : 색계 18천의 하나로 4선천의 맨 위 하늘. 모양을 가진 세계 가운데는 마지막 하늘이므로 흔히 하느님이라 할 때는 색계와 욕계를 지배하는 이 색구경천의 대범천왕을 일컫는다.
　마혜수라천 : 대자재천(大自在天)이 있는 하늘 세계로 색계 제 4선천의 맨 위

首	羅	天	乃	至	非	想	非	非	想
머리 수	벌릴 라	하늘 천	이에 내	이를 지	아닐 비	생각할 상	아닐 비	아닐 비	생각할 상
首 9획	罒 19획	大 4획	丿 2획	至 6획	非 8획	心 13획	非 8획	非 8획	心 13획
首	羅	天	乃	至	非	想	非	非	想
首	羅	天	乃	至	非	想	非	非	想
首	羅	天	乃	至	非	想	非	非	想

내지비상비비상처천(乃至非想非非想處天)

　내지 비상(非想)과 비비상(非非想)천이다.

　내지(乃至) : ~에서 …까지. 여기서 마혜수라천에서 비상비비상천까지의 뜻이므로 공무변처천, 식무변처천, 무소유처천 등의 하늘이 생략 되었다.

　비상비비상처천 : 무색계의 제 4천. 이 하늘은 3계의 가장 높은 곳에 있으므로 유정천(有頂天)이라고도 한다. 이 하늘에 사는 이는 거칠은 생각이 없으므로 비상(非想)이다. 그러나 자세한 생각이 없지 않으므로 비비상(非非想)이다. 비유(非有)이므로 외도들은 참된 열반이라 하고, 비무상(非無想)이므로 불교에서는 이것도 생사가 있는곳이라 한다.

處	天	一	切	天	衆	龍	衆	鬼	神
곳 처	하늘 천	한 일	온통 체	하늘 천	무리 중	용 룡	무리 중	귀신 귀	귀신 신
虍 획	大 4획	一 1획	刀 4획	大 4획	血 12획	龍 16획	血 12획	鬼 10획	示 10획

일체천중 용중 귀신등중(一切天衆 龍衆 鬼神等衆)

　온갖 하늘의 무리와 용의 무리와 귀신의 무리들이

等	衆	悉	來	集	會	復	有	他	方
무리 등	무리 중	다 실	올 래	모일 집	모일 회	다시 부	있을 유	다를 타	방위 방
竹 12획	血 12획	心 11획	人 8획	隹 12획	日 13획	彳 12획	月 6획	人 5획	方 4획
等	衆	悉	來	集	會	復	有	他	方
等	衆	悉	來	集	會	復	有	他	方
等	衆	悉	來	集	會	復	有	他	方

실래집회(悉來集會)
  모두 와서 모였으니

부유타방국토(復有他方國土)
  다시 다른 곳의 국토와

國	土	及	娑	婆	世	界	海	神	江
나라 국	땅 토	미칠 급	춤출 사	춤추는모양바	인간 세	경계 계	바다 해	귀신 신	강 강
口 11획	土 3획	又 4획	女 10획	女 11획	一 5획	田 9획	氵 10획	示 10획	氵 6획
國	土	及	娑	婆	世	界	海	神	江
國	土	及	娑	婆	世	界	海	神	江
國	土	及	娑	婆	世	界	海	神	江

급사바세계 해신 강신 하신(及娑婆世界 海神 江神 河神)

사바세계에 있는 해(海)신과 강(江)신과 하(河)신과

神	河	神	樹	神	山	神	地	神	川
귀신 신	물 하	귀신 신	나무 수	귀신 신	뫼 산	귀신 신	땅 지	귀신 신	내 천
示 10획	氵 6획	示 10획	木 16획	示 10획	山 3획	示 10획	土 6획	示 10획	川 3획

수신 산신 지신 천택신(樹神 山神 地神 川澤神)

　수(樹)신과 산(山)신과 지(地)신과 천택신(川澤神)과

澤	神	苗	稼	神	晝	神	夜	神	空
못 택	귀신 신	모종 묘	심을 가	귀신 신	낮 주	귀신 신	밤 야	귀신 신	빌 공
氵 16획	示 10획	艹 9획	禾 15획	示 10획	日 11획	示 10획	夕 8획	示 10획	穴 8획

묘가신 주신 야신 공신 천신(苗稼神 晝神 夜神 空神 天神)

묘가신(苗稼神)과 주신(晝神)과 야신(夜神)과 공신(空神)과 천신(天神)과

묘가신(苗稼神) : 농신(農神)

神	天	神	飲	食	神	草	木	神	如
귀신 신	하늘 천	귀신 신	마실 음	음식 식	귀신 신	풀 초	나무 목	귀신 신	같을 여
示 10획	大 4획	示 10획	食 13획	食 9획	示 10획	⺾ 10획	木 4획	示 10획	女 6획

음식신 초목신(飲食神 草木神)
　음식신(飲食神)과 초목신(草木神)과
여시등신(如是等神)
　같은 신들도

是	等	神	皆	來	集	會	復	有	他
이 시	같을 등	귀신 신	다 개	올 래	모일 집	모일 회	다시 부	있을 유	다를 타
日 9획	竹 12획	示 10획	白 9획	人 8획	隹 12획	曰 13획	彳 12획	月 6획	人 5획

개래집회(皆來集會)
　　모두 와서 회(會)에 모였으며

부유타방국토(復有他方國土)
　　또한 다른 곳의 국토와

方	國	土	及	娑	婆	世	界	諸	大
방위 방	나라 국	땅 토	미칠 급	세상 사	춤추는모양바	인간 세	둘레 계	모두 제	클 대
方 4획	口 11획	土 3획	又 4획	女 10획	女 11획	一 5획	田 9획	言 16획	大 3획

급사바세계 제대귀왕(及娑婆世界 諸大鬼王)
　사바세계에 있는 모든 대귀왕(大鬼王)들인

鬼	王	所	謂	惡	目	鬼	王	噉	血
귀신 귀	임금 왕	바 소	이를 위	나쁠 악	눈 목	귀신 귀	임금 왕	먹을 담	피 혈
鬼 10획	王 4획	戶 8획	言 16획	心 12획	目 5획	鬼 10획	王 4획	口 15획	血 6획

소위악목귀왕(所謂惡目鬼王)
　이른바 악목귀왕(惡目鬼王)과
담혈귀왕(噉血鬼王)
　담혈(噉血)귀왕과

鬼	王	噉	精	氣	鬼	王	噉	胎	卵
귀신 귀	임금 왕	먹을 담	정신 정	기운 기	귀신 귀	임금 왕	먹을 담	아이밸태	알 란
鬼 10획	王 4획	口 15획	米 14획	气 10획	鬼 10획	王 4획	口 15획	月 9획	卩 7획

담정기귀왕 담태란귀왕(噉精氣鬼王 噉胎卵鬼王)

담정기(噉精氣)귀왕과 담태란(噉胎卵)귀왕과

鬼	王	行	病	鬼	王	攝	毒	鬼	王
귀신 귀	임금 왕	다닐 행	병 병	귀신 귀	임금 왕	끌어잡을섭	독 독	귀신 귀	임금 왕
鬼 10획	王 4획	行 6획	疒 10획	鬼 10획	王 4획	手 21획	母 8획	鬼 10획	王 4획
鬼	王	行	病	鬼	王	攝	毒	鬼	王
鬼	王	行	病	鬼	王	攝	毒	鬼	王
鬼	王	行	病	鬼	王	攝	毒	鬼	王

행병귀왕 섭독귀왕(行病鬼王 攝毒鬼王)

　행병(行病)귀왕과 섭독(攝毒)귀왕과

★攝(섭):낄 섭, 끌어잡을 섭, 겸할 섭, 거둘 섭.

慈	心	鬼	王	福	利	鬼	王	大	愛
사랑 자	마음 심	귀신 귀	임금 왕	복 복	이할 리	귀신 귀	임금 왕	클 대	사랑 애
心 13획	心 4획	鬼 10획	王 4획	示 14획	刂 7획	鬼 10획	王 4획	大 3획	心 13획

자심귀왕 복리귀왕(慈心鬼王 福利鬼王)

   자심(慈心)귀왕과 복리(福利)귀왕과

대애경귀왕(大愛敬鬼王)

   대애경(大愛敬)귀왕과

敬	鬼	王	如	是	等	鬼	王	皆	來
공경할 경	귀신 귀	임금 왕	같을 여	이 시	같을 등	귀신 귀	임금 왕	모두 개	올 래
攵 13획	鬼 13획	王 4획	女 6획	日 9획	竹 12획	鬼 10획	王 4획	白 9획	人 8획

여시등귀왕 개래집회(如是等鬼王 皆來集會)

같은 귀왕들도 모두 와서 회(會)에 모였다.

集	會	爾	時	釋	迦	牟	尼	佛	告
모일 집	모일 회	그 이	때 시	부처이름석	부처이름가	보리 모	여승 니	부처님불	알릴 고
隹 12획	日 13획	爻 14획	日 10획	釆 20획	辶 9획	牛 6획	尸 5획	人 7획	口 7획

이시 석가모니불(爾時 釋迦牟尼佛)

　그때에 석가모니 부처님께서는

★文(문):글 문, 꾸밀 문, 문채 문, 빛날 문.

文	殊	師	利	法	王	子	菩	薩	摩
글월 문	뛰어날 수	스승 사	이로울 리	법 법	임금 왕	작위 자	보살 보	보살 살	갈 마
文 4획	歹 10획	巾 10획	刂 7획	氵 8획	王 4획	子 3획	⺾ 12획	⺾ 8획	手 15획
文	殊	師	利	法	王	子	菩	薩	摩
文	殊	師	利	法	王	子	菩	薩	摩
文	殊	師	利	法	王	子	菩	薩	摩

고문수사리 법왕자 보살 마하살(告文殊師利 法王子 菩薩 摩訶薩)

　문수사리 법왕자 보살 마하살에게 이르시기를

★ 子(자) : 아들 자, 자식 자, 씨 자, 당신 자, 임자 자, 사람 자, 벼슬이름 자, 쥐 자, 지지(地支)자, 밤 열두시 자, 어르신네 자.

訶	薩	汝	觀	是	一	切	諸	佛	菩
마하 하	보살 살	너 여	볼 관	이 시	한 일	온통 체	모두 제	부처님 불	보살 보
言 12획	艹 18획	氵 6획	見 25획	日 9획	一 1획	刀 4획	言 16획	人 7획	艹 12획
訶	薩	汝	觀	是	一	切	諸	佛	菩
訶	薩	汝	觀	是	一	切	諸	佛	菩
訶	薩	汝	觀	是	一	切	諸	佛	菩

여관시일체제불보살(汝觀是一切諸佛菩薩)

　너는 이러한 일체의 모든 부처님과 보살과

　★ 觀(관)은 맨 나중 '忉利天者' 다음에 해석함.

薩	及	天	龍	鬼	神	此	世	界	他
보살 살	미칠 급	하늘 천	용 룡	귀신 귀	귀신 신	이 차	세상 세	둘레 계	다를 타
艹 획	又 4획	大 4획	龍 11획	鬼 10획	示 10획	止 6획	一 5획	田 9획	人 5획

급천룡귀신(及天龍鬼神)
    천룡과 귀신과
차세계 타세계(此世界 他世界)
    이 세계와 저 세계

世	界	此	國	土	他	國	土	如	是
세상 세	둘레 계	이 차	나라 국	땅 토	다를 타	나라 국	땅 토	같을 여	이 시
一 5획	田 9획	止 6획	口 11획	土 3획	人 5획	口 11획	土 3획	女 6획	日 9획

차국토 타국도 (此國土 他國土)

　이 국토와 다른 국토에서

今	來	集	會	到	忉	利	天	者	汝
이제 금	올 래	모일 집	모일 회	이를 도	근심할 도	편할 리	하늘 천	어조사 자	너 여
人 4획	人 8획	隹 12획	曰 13획	刂 8획	忄 5획	刂 7획	大 4획	耂 9획	氵 6획

여시금래집회도 도리천자 (如是今來集會到 忉利天者)
이와같이 지금 도리천에 와서 회(會)에 모인것을 보고

여지수부 (汝知數否)
너는 그 수를 알 수 있겠느냐?

知	數	否	文	殊	師	利	白	佛	言
알 지	셈 수	아닐 부	빛날 문	뛰어날 수	스승 사	이로울 리	아뢸 백	부처님 불	말씀 언
矢 8획	攵 15획	口 7획	文 4획	歹 10획	巾 10획	刂 7획	白 5획	人 7획	言 7획

문수사리백불언(文殊師利白佛言)

　문수사리가 부처님께 사뢰어 말씀하시되

　문수사리(文殊師利) : 대승보살 가운데 한 사람. 문수=묘(妙)의 뜻이고 사리는 두(頭), 덕(德), 길상(吉祥)의 뜻이므로 지혜가 뛰어난 공덕이라는 뜻이다. 석가모니불의 보처로서 왼쪽에 있으며 지혜를 상징함. 바른손에는 지혜의 칼을 들고, 왼손에는 꽃위에 지혜의 그림이 그려있는 청련화를 쥐고 있다. 위엄과 용맹을 나타내기 위해 사자를 타고 있음.

世	尊	若	以	我	神	力	千	劫	測
세상 세	높을 존	만약 약	써 이	나 아	신통할 신	힘 력	일천 천	겁 겁	헤아릴 측
一 5획	寸 12획	艹 9획	人 5획	戈 7획	示 10획	力 2획	十 3획	力 7획	氵 12획
世	尊	若	以	我	神	力	千	劫	測
世	尊	若	以	我	神	力	千	劫	測
世	尊	若	以	我	神	力	千	劫	測

세존 약이아신력(世尊 若以我神力)

　세존이시여, 저의 신력(神力)으로써는

천겁측탁 불능득지(千劫測度 不能得知)

　천겁을 두고 헤아린다 하더라도 능히 그 수를 알 수가 없습니다.

★度(도):헤아릴 탁, 법도 도, 건늘 도(渡也)

度	不	能	得	知	佛	告	文	殊	師
헤아릴 탁	아닐 불	능할 능	얻을 득	알 지	부처님 불	알릴 고	빛날 문	뛰어날 수	스승 사
广 9획	一 4획	月 10획	彳 11획	矢 8획	人 7획	口 7획	文 4획	歹 10획	巾 10획

불고문수사리(佛告文殊師利)

　부처님께서 문수사리에게 이르시되

利	吾	以	佛	眼	觀	猶	不	盡	數
이로울 리	나 오	써 이	부처님 불	눈 안	볼 관	오히려 유	아닐 불	다할 진	셈 수
刂 7획	口 7획	人 5획	人 7획	目 11획	見 25획	犭 12획	一 4획	皿 14획	攵 15획

오이불안관 유부진수(吾以佛眼觀 猶不盡數)

나의 불안(佛眼)으로 보더라도 오히려 다 셈하지 못한다.

불안(佛眼) : 5안의 하나. 부처님을 각자(覺者)라 이름하며, 각자의 눈을 불안이라 한다. 제법 실상(諸法實相)을 비추는 눈이다.

★ 猶(유) : 오히려 유, 같을 유, 어조사 유.

此	皆	是	地	藏	菩	薩	久	遠	劫
이 차	다 개	이 시	땅 지	감출 장	보살 보	보살 살	오랠 구	멀 원	겁 겁
止 6획	白 9획	日 9획	土 6획	艹 18획	艹 12획	艹 18획	ノ 3획	辶 14획	力획

차개시지장보살(此皆是地藏菩薩)
　이것은 모두 지장보살이

구원겁래 이도 당도 미도(久遠劫來 已度 當度 未度)
　구원겁(久遠劫)에서 부터 이미 제도했거나 지금 제도중이거나 앞으로 제도 할 것이므로
　구원겁(久遠劫) : Kalpa의 준말. 긴 시간을 가리키는 말.

　★已는 이미 지나간 것, 當은 현재 당하고 있는 것, 未는 아직 오지 않은 미래를 뜻함.

來	已	度	當	度	未	度	已	成	就
올 래	이미 이	건늘 도	이 당	건늘 도	미래 미	법도 도	이미 이	이룰 성	이룰 취
人 8획	己 3획	广 9획	田 13획	广 9획	木 5획	广 9획	己 3획	戈 7획	尢 12획

이성취 당성취 미성취(已成就 當成就 未成就)

이미 성취 시킨것도 있고, 지금 성취 중인것도 있고, 앞으로 성취 할 것도 있나니라.

當	成	就	未	成	就	文	殊	師	利
마땅 당	이룰 성	이룰 취	미래 미	이룰 성	이룰 취	빛날 문	뛰어날 수	사자 사	이로울 리
田 13획	戈 7획	尢 12획	木 5획	戈 7획	尢 12획	文 4획	歹 10획	巾 10획	刂 7획
當	成	就	未	成	就	文	殊	師	利
當	成	就	未	成	就	文	殊	師	利
當	成	就	未	成	就	文	殊	師	利

문수사리 백불언(文殊師利 白佛言)

　문수사리가 부처님께 사뢰어 말씀하시되

白	佛	言	世	尊	我	已	過	去	久
아뢸 백	부처님 불	말씀 언	세상 세	높을 존	나 아	이미 이	지날 과	갈 거	오랠 구
白 5획	人 7획	言 7획	一 5획	寸 12획	戈 12획	己 3획	辶 13획	厶 5획	丿 3획

세존 아이과거 구수선근(世尊 我已過去 久修善根)

　세존이시여 저는 과거로 부터 오랫동안 선근(善根)을 닦아서

　선근(善根) : 선의 근본. 선본(善本)이라 번역함. 그것이 뿌리가 되어 모든 선을 생한다는 것.
　　　　　　탐(貪), 진(瞋), 치(癡)가 없는 것을 3선근이라 하고 탐·진·치를 3불선근(不善根)
　　　　　　이라 한다.

修	善	根	證	無	礙	智	聞	佛	所
닦을 수	착할 선	뿌리 근	증명할 증	없을 무	거리낄 애	지혜 지	들을 문	부처님 불	바 소
人 8획	口 12획	木 10획	言 19획	灬 12획	石 19획	日 12획	耳 14획	人 7획	戶 8획

증무애지 문불소언 즉당신수(證無礙智 聞佛所言 卽當信受)

  무애지(無礙智)를 증득(證得)하였으므로 부처님께서 하시는 말씀을 듣고 곧 당연히 그대로 믿겠습니다.

★ 礙(애) : 거리낄 애, 막을 애, 해롭게할 애

 무애지(無礙智) : 부처님의 지혜. 어떤 것에도 거리낌이 없이 모든 사리를 모두 알아 통달 자재한 지혜.

言	卽	當	信	受	小	果	聲	聞	天
말씀 언	곧 즉	마땅할 당	믿을 신	받을 수	작을 소	실과 과	소리 성	들을 문	하늘 천
言 7획	卩 7획	田 13획	人 9획	又 8획	小 3획	木 8획	耳 17획	耳 14획	大 4획
言	卽	當	信	受	小	果	聲	聞	天
言	卽	當	信	受	小	果	聲	聞	天
言	卽	當	信	受	小	果	聲	聞	天

소과성문 천룡팔부(小果聲聞 天龍八部)

소과(小果)인 성문(聲聞)과 천룡팔부와

★部(부):거느릴 부, 나눌 부, 지경 부, 떼 부, 항오 부

소과(小果):소승의 깨달음.

龍	八	部	及	未	來	世	諸	衆	生
용 룡	여덟 팔	거느릴 부	미칠 급	아닐 미	올 래	세상 세	모두 제	무리 중	날 생
龍 16획	八 2획	阝 11획	又 4획	木 5획	人 8획	一 5획	言 16획	血 12획	生 5획

급미래세 제중생등 (及未來世 諸衆生等)

　미래세(未來世)의 모든 중생들은

等	雖	聞	如	來	誠	實	之	語	必
무리 등	비록 수	들을 문	같을 여	올 래	정성 성	참될 실	어조사 지	말할 어	반드시 필
竹 12획	隹 17획	耳 14획	女 6획	人 8획	言 14획	宀 14획	ノ 4획	言 14획	心 5획

수문여래성실지어(雖聞如來誠實之語)

비록 여래의 성실한 말씀을 듣더라도

성실지어(誠實之語) : 정성어린 말씀.

懷	疑	惑	設	使	頂	受	未	免	興
품을 회	의심할 의	미혹할 혹	설령 설	가령 사	이마 정	받을 수	아닐 미	면할 면	일어날 흥
忄 19획	疋 14획	心 12획	言 11획	人 8획	頁 11획	又 8획	木 5획	儿 8획	臼 16획

필회의혹 설사정수 미면흥방(必懷疑惑 設使頂受 未免興謗)

　반드시 의혹을 품을 것이며 설사정수(設使頂受) 하더라도 비방이 일어나는 것을 면하지 못할 것이니.

　정수(頂受) : 공손히 받아들임.

謗	唯	願	世	尊	廣	説	地	藏	菩
헐뜯을 방	오직 유	바랄 원	세상 세	높을 존	넓을 광	말씀 설	땅 지	감출 장	보살 보
言 17획	口 11획	頁 19획	一 5획	寸 12획	广 15획	言 14획	土 6획	++ 18획	++ 12획

유원세존(唯願世尊)

　　다만 바라옵건대 세존께서는

광설지장보살마하살(廣說地藏菩薩摩訶薩)

　　지장보살 마하살이

　광설(廣說) : 널리 말씀하시다.

薩	摩	訶	薩	因	地	作	何	行	立
보살 살	갈 마	마하 하	보살 살	인할 인	땅 지	지을 작	어찌 하	행할 행	설 립
⺾ 18획	手 15획	言 12획	⺾ 18획	口 6획	土 6획	人 7획	人 7획	行 6획	立 5획

인지 작하행 입하원(因地 作何行 立何願)

　　인지(因地)에서 어떠한 행을 지었으며 어떠한 원을 세워서

　　인지(因地) : 부처님의 지위를 과지(果地)라 함에 대하여 성불하려고 수행하는 지위를 인위(因
　　　　　　　位), 또는 인지라고 함.

何	願	而	能	成	就	不	思	議	事
어느 하	바랄 원	어조사 이	능할 능	이룰 성	이룰 취	아닐 불	생각할 사	의논할 의	일 사
人 7획	頁 19획	而 6획	月 10획	弋 7획	尢 12획	一 4획	心 9획	言 20획	亅 8획

이능성취부사의사(而能成就不思議事)

부사의(不思議)한 일을 성취하였는지 널리 말씀하여 주시옵소서.

부사의(不思議) : 보통의 생각으로는 도저히 헤아릴 수 없는 것.

佛	告	文	殊	師	利	譬	如	三	千
부처님 불	알릴 고	글월 문	뛰어날 수	사자 사	이로울 리	비유할 비	같을 여	석 삼	일천 천
人 7획	口 7획	文 4획	歹 10획	巾 10획	刂 7획	言 20획	女 6획	一 3획	十 3획

불고문수사리(佛告文殊師利)
　　부처님께서 문수사리 보살에게 말씀하시되

비여삼천대천세계소유(譬如三千大千世界所有)
　　비유하자면 삼천대천(三千大千)세계에 있는

　　삼천대천세계(三千大千世界) : 대천세계(大千世界)의 다른 이름. 한 세계를 천개 모은 것을 소
　　　　　　　　　　천세계라 하고 소천세계를 천개 모은 것을 중천세계라 하고 중
　　　　　　　　　　천세계를 천개 모은 것을 대천세계, 또는 삼천대천세계라 함.

大	千	世	界	所	有	草	木	叢	林
클 대	일천 천	세상 세	둘레 계	바 소	있을 유	풀 초	나무 목	모일 총	수풀 림
大 3획	十 3획	一 5획	田 9획	戶 8획	月 6획	++ 10획	木 4획	又 18획	木 8획

초목총림 도마죽위(草木叢林 稻麻竹葦)

풀과 나무와 총림(叢林)과 도마(稻麻)와 죽위(竹葦)와

★ 叢(총) : 떨기 총, 모을 총, 번잡할 총.

총림(叢林) : ①수목이 우거진 숲. ②스님들이 모여 있는곳. 절.

도마죽위(稻麻竹葦) : 벼와 삼, 대와 갈대. 한량없이 많은 수를 비유할때 쓰는말.

稻	麻	竹	葦	山	石	微	塵	一	物
벼 도	삼 마	대나무 죽	갈대 위	메 산	돌 석	작을 미	티끌 진	하나 일	물건 물
禾 15획	麻 11획	竹 6획	++ 13획	山 3획	石 5획	彳 13획	广 14획	一 1획	牛 8획
稻	麻	竹	葦	山	石	微	塵	一	物
稻	麻	竹	葦	山	石	微	塵	一	物
稻	麻	竹	葦	山	石	微	塵	一	物

산석미진 일물일수(山石微塵 一物一數)
 산과 돌, 가느다란 티끌까지 한 물건을 하나로 계산하고

一	數	作	一	恒	河	一	恒	河	沙
하나 일	셈할 수	만들 작	하나 일	항상 항	물 하	하나 일	항상 항	물 하	모래 사
一 1획	攵 15획	人 7획	一 1획	忄 9획	氵 9획	一 1획	忄 9획	氵 9획	氵 7획

작일항하 일항하사일사 일계(作一恒河 一恒河沙一沙 一界)

그 하나를 한개의 항하(恒河)로 만들어 한 항하의 모래 하나하나를 한 세계라하고

一	沙	一	界	一	界	之	内	一	塵
하나 일	모래 사	하나 일	둘레 계	하나 일	둘레 계	어조사 지	안 내	하나 일	티끌 진
一 1획	氵 7획	一 1획	田 9획	一 1획	田 9획	丿 4획	入 4획	一 1획	广 14획

일계지내 일진일겁 (一界之內 一塵一劫)

한 세계안에 있는 한개의 먼지를 일겁으로 삼고

劫(겁) : ①지극히 길고 오랜 시간. ②개자겁(芥子劫) : 사방 40리의 성안에 겨자를 가득 채우고 백년마다 한 알씩 집어내어 그 겨자가 다 없어지는 긴 세월. ③반석겁(磐石劫) : 둘레 사방 40리 되는 바위를 3년마다 한 번씩 엷은 옷으로 스쳐서 마침내 그 바위가 다 닳아 없어질때까지의 긴 시간. ④증감겁(增減劫) : 인간의 수명이 10세에서 8만세에 이르고, 또 8만세에서 10세에 이르는 긴 세월.

一	劫	一	劫	之	內	所	積	塵	數
하나 일	겁 겁	하나 일	겁 겁	어조사 지	안 내	바 소	쌓을 적	티끌 진	셈할 수
一 1획	力 7획	一 1획	力 7획	ノ 4획	入 4획	戶 8획	禾 16획	广 14획	攵 15획

일겁지내 소적진수 진충위겁(一劫之內 所積塵數 盡充爲劫)

그 겁안에 쌓이는 먼지의 수를 모두 채워서 겁(劫)이라 한다 하더라도

96 지장경

盡	充	爲	劫	地	藏	菩	薩	證	十
다할 진	채울 충	할 위	겁 겁	땅 지	감출 장	보살 보	보살 살	증명할 증	열 십
皿 14획	儿 6획	爪 12획	力 7획	土 6획	⺿ 18획	⺿ 12획	⺿ 18획	言 19획	十 2획

지장보살 증십지과위이래(地藏菩薩 證十地果位以來)

지장보살이 십지과위(十地果位)를 증득한 이래(행한서원〈誓願〉은)

과위(果位) : 공덕을 쌓고 수행을 하여 그 과보로 이르게 되는 자리.

십지(十地) : 보살이 수행하는 단계로서 52위 가운데 41위에서 50위까지. 부처님의 지혜를 생성하고 온갖 중생을 교화하여 이롭게 하는 지위이다. (華嚴經卷 34)

(1)환희지(歡喜地) (2)이구지(離垢地) (3)발광지(發光地) (4)염혜지(焰慧地) (5)난승지(難勝地)
(6)현전지(現前地) (7)원행지(遠行地) (8)부동지(不動地) (9)선혜지(善慧地) (10)법운지(法雲地)

地	果	位	以	來	千	倍	多	於	上
땅 지	실과 과	자리 위	부터 이	올 래	일천 천	곱 배	많을 다	어조사 어	위 상
土 6획	木 8획	人 7획	人 5획	人 8획	十 3획	人 10획	夕 6획	方 8획	一 3획

천배다어상유 (千倍多於上喩)

　위에서 비유한 수보다 천배도 더 많거든

★ 於(어) : ① ~에, ~으로, 장소를 나타냄. ② ~에게 (사람을 상대할 경우 ○○에게) ③ (여기서는) ~보다, 비교의 뜻. ④ 수동(受動)의 뜻 ⑤ 오호(於乎) : 감탄하는 소리

喩	何	況	地	藏	菩	薩	在	聲	聞
비유할 유	어찌 하	비유할 황	땅 지	감출 장	보살 보	보살 살	있을 재	소리 성	들을 문
口 12획	人 7획	氵 8획	土 6획	艹 18획	艹 12획	艹 18획	土 6획	耳 17획	耳 14획

하황지장보살 재성문벽지불지 (何況地藏菩薩 在聲聞辟支佛地)

하물며 지장보살이 성문(聲聞)과 벽지불지(辟支佛地)에서 행한 일을 어찌 비유할 수 있을까?

★況(황) : 비유할 황, 하물며 황. 何況(하황) : 어찌 비유할 수 있으리, 어찌 하물며 …하랴.

성문(聲聞) : 설법을 듣고 사제(四諦)의 이치를 깨달아 아라한이 되고자 하는 불제자. 연각, 보살과 더불어 삼승(三乘)의 하나.

벽지불(辟支佛) : 연각(緣覺). 부처님의 교화에 의하지 않고 홀로 연기(緣起)의 진리를 깨달은 성자. 그 지위는 보살의 아래, 성문의 위이다.

辟	支	佛	地	文	殊	師	利	此	菩
클 벽	고을 지	부처님 불	땅 지	글 문	뛰어날 수	사자 사	이로울 리	이 차	보살 보
辛 13획	支 4획	人 7획	土 6획	文 4획	歹 10획	巾 10획	刂 7획	止 6획	⾋ 12획

문수사리 차보살 위신서원 불가사의(文殊師利 此菩薩 威神誓願 不可思議)

　문수사리여! 이 보살의 위신력과 서원은 가히 생각할 수 없느니라.

위신(威神) : 부처님의 영묘하고도 불가사의한 힘.

서원(誓願) : 보살이 수행의 목적을 이루기 위하여 다짐함.

薩	威	神	誓	願	不	可	思	議	若
보살 살	위엄 위	귀신 신	맹세할 서	원할 원	아닐 불	가히 가	생각할 사	의논할 의	만약 약
⾋ 18획	女 9획	示 10획	言 14획	頁 19획	一 5획	口 5획	心 9획	言 20획	⾋ 9획

약미래세(若未來世)
　만약 미래세계의

未	來	世	有	善	男	子	善	女	人
미래 미	올 래	세상 세	있을 유	좋을 선	사내 남	아들 자	좋을 선	계집 여	사람 인
木 5획	人 8획	一 5획	月 6획	口 12획	田 7획	子 3획	口 12획	女 3획	人 2획

유선남자선여인 문시보살명자(善男子善女人 聞是菩薩名字)

선남자와 선여인이 있어 이 보살의 명호를 듣고

聞	是	菩	薩	名	字	或	讚	歎	或
들을 문	이 시	보살 보	보살 살	이름 명	글자 자	혹 혹	기릴 찬	칭찬할 탄	혹 혹
耳 14획	日 9획	艹 12획	艹 18획	口 6획	子 6획	戈 8획	言 26획	欠 15획	戈 8획

혹찬탄 혹첨례(或讚歎 或瞻禮)

혹 찬탄(或讚歎)하거나 우러러 예배하거나

瞻	禮	或	稱	名	或	供	養	乃	至
볼 첨	예절 례	혹 혹	일컬을 칭	이름 명	혹 혹	바칠 공	기를 양	이에 내	이를 지
目 18획	言 18획	戈 8획	禾 14획	口 6획	戈 8획	人 8획	食 15획	丿 2획	至 6획

혹칭명 혹공양(或稱名 或供養)
  혹 명호를 부르거나 혹 공양을 올리거나

彩	畵	刻	鏤	塑	漆	形	像	是	人
무늬 채	그릴 화	새길 각	새길 루	흙손으로만든소	옻칠할 칠	형상 형	형상 상	이 시	사람 인
彡 11획	田 13획	刂 8획	金 19획	土 13획	氵 14획	彡 7획	亻 14획	日 9획	人 2획

내지채회각루소칠형상 (乃至彩畵刻鏤塑漆形像)

또는 형상을 그림으로 그리거나 조각하여 만들거나 모습에 칠을 올리게 되면

當	得	百	返	生	於	三	十	三	天
마땅할 당	얻을 득	일백 백	돌아올 반	날 생	어조사 어	석 삼	열 십	석 삼	하늘 천
田 13획	亻 11획	白 6획	辶 8획	生 5획	方 8획	一 3획	十 2획	一 3획	大 4획

시인 당득백반생어삼십삼천 (是人 當得百返生於三十三天)

이 사람은 마땅히 백번이라도 삼십삼천에 태어나고

삼십삼천(三十三天) : 욕계 제 2도리천의 다른 이름. 가운데 제석천과 사방에 여덟하늘씩 있다 하여 일컫는 말.

永	不	墮	惡	道	文	殊	師	利	是
길 영	아닐 불	떨어뜨리다	나쁠 악	길 도	빛날 문	뛰어날 수	사자 사	이로울 리	이 시
水 5획	一 5획	土 15획	心 12획	辶 13획	文 4획	歹 10획	巾 10획	刂 7획	日 9획

영불타악도(永不墮惡道)

영원히 악도(惡道)에는 떨어지지 아니할 것이다.

악도(惡道) = 악취(惡趣) : 악업을 지어서 죽은 뒤에 나는 고통의 세계. 지옥, 아귀, 축생, 수라의 네 가지가 있다.

地	藏	菩	薩	摩	訶	薩	於	過	去
땅 지	감출 장	보살 보	보살 살	마하 마	마하 하	보살 살	어조사 어	지날 과	갈 거
土 6획	++ 18획	++ 12획	++ 18획	手 15획	言 12획	++ 18획	方 8획	辶 13획	厶 5획

문수사리 시지장보살마하살 (文殊師利 是地藏菩薩摩訶薩)

문수사리여 이 지장보살마하살은

久	遠	不	可	説	不	可	説	劫	前
오랠 구	멀 원	아닐 불	가히 가	말씀 설	아닐 불	가히 가	말씀 설	겁 겁	앞 전
ノ 3획	辶 14획	一 5획	口 5획	言 14획	一 5획	口 5획	言 14획	力 7획	刂 9획

어과거구원불가설 불가설겁전(於過去久遠不可說 不可說劫前)

   저 머나 먼 과거의 말로는 표현할 수 없는 겁전에

  구원(久遠) : 영원. 시간적으로 오랜것.

  불가설(不可說) : 말로 표현할 수 없음을 뜻함.

身	爲	大	長	者	子	時	世	有	佛
몸 신	될 위	큰 대	어른 장	사람 자	아들 자	때 시	세상 세	있을 유	부처님 불
身 7획	爪 12획	大 3획	長 8획	耂 9획	子 3획	日 10획	一 5획	月 6획	人 7획

신위대장자자 (身爲大長者子)

　큰 장자(長者)의 아들이 되었다.

　장자(長者): 일반적으로 인도에서 좋은 집안에서 태어나 많은 재산을 가지고 있고 또한 덕이 장한
　　　　　　이를 일컫는다. 호족. 부귀한 사람. 또는 덕행이 수승한 나이 많은 이에 대한 존칭.

시세유불 (時世有佛)

　그때 부처님이 계셨으니

號	曰	師	子	奮	迅	具	足	萬	行
이름 호	가로되 왈	사자 사	아들 자	떨칠 분	빠를 신	갖출 구	족할 족	일만 만	행할 행
虍 13획	曰 4획	巾 10획	子 3획	大 16획	辶 7획	八 8획	足 7획	艹 13획	行 6획
號	曰	師	子	奮	迅	具	足	萬	行
號	曰	師	子	奮	迅	具	足	萬	行
號	曰	師	子	奮	迅	具	足	萬	行

호왈사자분신구족만행여래(號曰師子奮迅具足萬行如來)

　호를「사자분신구족만행여래」라고 하셨다.

　분신(奮迅): 떨쳐 일어나 기세가 성함. 신속(迅速)함.

　구족(具足): 고루 갖추어서 부족함이 없음.

　만행(萬行): 불교도나 수행자가 닦아야 할 일체의 행법(行法)

如	來	時	長	者	子	見	佛	相	好
같을 여	올 래	때 시	어른 장	사람 자	아들 자	볼 견	부처님 불	모양 상	좋을 호
女 6획	人 8획	日 10획	長 8획	耂 9획	子 3획	見 7획	人 7획	目 9획	女 6획

시장자자 견불상호천복 장엄(時長者子 見佛相好千福 莊嚴)

  그때 장자의 아들이 부처님의 상호(相好)가 천복(千福)으로 장엄함을 보고

  상호(相好) : 불타의 육신에 갖추어진 훌륭한 용모. 형상(形相), 그 중에 현저하게 보기 쉬운 것을 32상(相)으로 나누고 미세하여 보기 어려운 것을 80종호(種好)로 나누어 양자를 합하여 상호라 함.

  장엄(莊嚴) : 본래의 뜻은 "씩씩하고 엄숙함" 이나 불교에서는 아름다운것으로 몸이나 머무르는 곳, 사찰, 국토를 보기좋게 꾸미는 것을 뜻함.

千	福	莊	嚴	因	問	彼	佛	作	何
일천 천	복 복	씩씩할 장	엄할 엄	원인 인	물을 문	그 피	부처님 불	지을 작	어찌 하
十 3획	示 14획	艹 11획	口 20획	口 6획	口 11획	彳 8획	人 7획	人 7획	人 7획

인문피불(因問彼佛)
    그 부처님께 여쭙기를

行	願	而	得	此	相	時	師	子	奮
행할 행	원할 원	어조사 이	얻을 득	이 차	모양 상	때 시	사자 사	작위 자	떨칠 분
行 6획	頁 19획	而 6획	彳 11획	止 6획	目 9획	日 10획	巾 10획	子 3획	大 16획
行	願	而	得	此	相	時	師	子	奮
行	願	而	得	此	相	時	師	子	奮
行	願	而	得	此	相	時	師	子	奮

작하행원 이득차상(作何行願 而得此相)

「어떠한 행원(行願)을 지어서 이러한 상(相)을 얻으셨습니까?」하고 여쭈었더니

행원(行願) : 구제하려는 이타(利他)의 원과 그 실천수행.
　　　　　몸으로 실천하고 마음으로 서원하는 것.

迅	具	足	萬	行	如	來	告	長	者
빠를 신	갖출 구	족할 족	일만 만	행실 행	같을 여	올 래	알릴 고	어른 장	사람 자
辶 7획	八 8획	足 7획	艹 13획	行 6획	女 6획	人 8획	口 7획	長 8획	耂 9획

시사자분신구족만행여래(時師子奮迅具足萬行如來)
　그때의 사자분신구족만행여래께서

고장자자(告長者子)
　장자의 아들에게 말씀하시기를

子	欲	證	此	身	當	須	久	遠	度
아들 자	하고자할 욕	증험할 증	이 차	몸 신	마땅할 당	반드시 수	오랠 구	멀 원	법도 도
子 3획	欠 11획	言 19획	止 6획	身 7획	田 13획	頁 12획	ノ 3획	辶 14획	广 9획
子	欲	證	此	身	當	須	久	遠	度
子	欲	證	此	身	當	須	久	遠	度
子	欲	證	此	身	當	須	久	遠	度

욕증차신 당수구원(欲證此身 當須久遠)

「이러한 몸을 증득하고자 한다면 마땅히 구원한 세월동안

★ 證(증) : 증거 증, 증험할 증, 질정할 증, 증득할 증 <증득(證得)-진리를 깨달아 얻음)

脱	一	切	受	苦	衆	生	文	殊	師
벗을 탈	온통 일	온통 체	받을 수	괴로울 고	무리 중	날 생	빛날 문	뛰어날 수	사자 사
月 11획	一 1획	刂 4획	又 8획	艹 9획	血 12획	生 5획	文 4획	歹 10획	巾 10획
脱	一	切	受	苦	衆	生	文	殊	師
脱	一	切	受	苦	衆	生	文	殊	師
脱	一	切	受	苦	衆	生	文	殊	師

도탈일체수고중생(度脫一切受苦衆生)

일체의 고(苦)를 받는 중생들을 득도 해탈시켜야 된다.」고 하시었다.

문수사리 시 장자자(文殊師利 時 長者子)

문수사리여 그때 장자의 아들은

도탈(度脫) : 제도해서 해탈시킴.

利	時	長	者	子	因	發	誓	言	我
이로울 리	때 시	어른 장	사람 자	아들 자	말미암을 인	일으킬 발	맹세할 서	말씀 언	나 아
刂 7획	日 10획	長 8획	耂 9획	子 3획	口 6획	癶 12획	言 14획	言 7획	戈 7획

인발서언(因發誓言)
　그 말씀으로 인하여 맹서(盟誓)하기를

今	盡	未	來	際	不	可	計	劫	爲
이제 금	다할 진	아닐 미	올 래	때 제	아닐 불	가히 가	셈 계	겁 겁	위할 위
人 4획	皿 14획	木 5획	人 8획	阝14획	一 5획	口 5획	言 9획	力 7획	爪 12획

아금진미래제불가계겁(我今盡未來際不可計劫)

「나는 지금부터 미래세의 헤아리지 못할 겁이 다할때까지

是	罪	苦	六	道	衆	生	廣	説	方
이 시	허물 죄	괴로울 고	여섯 육	도 도	무리 중	날 생	넓을 광	베풀 설	떳떳할 방
日 9획	罒 13획	艹 9획	八 4획	辶 13획	血 12획	生 5획	广 15획	言 11획	方 4획

위시죄고육도중생(爲是罪苦六道衆生)

이러한 죄(罪)로 고통받는 육도(六道)의 중생을 위하여

육도(六道) : 중생이 선악의 원인에 의하여 윤회하는 여섯가지의 세계.
지옥, 아귀, 축생의 삼악도와 아수라·인간·천상의 삼계를 통틀어 일컫는다.

광설방편 진령해탈(廣說方便 盡令解脫)

널리 방편(方便)을 베풀어 그들로 하여금 모두 해탈(解脫)시킨 연후에야

방편(方便) : 불보살이 중생을 제도하기 위하여 쓰는 묘한 수단. 때와 경우에 따라 일을 쉽고 편하게 치를 수 있는 수단과 방법.

便	盡	令	解	脫	而	我	自	身	方
편할 편	모두 진	하여금 령	벗을 해	벗을 탈	어조사 이	나 아	자기 자	몸 신	바야흐로 방
人 9획	皿 14획	人 5획	角 13획	月 11획	而 6획	戈 7획	自 6획	身 7획	方 4획
便	盡	令	解	脫	而	我	自	身	方
便	盡	令	解	脫	而	我	自	身	方
便	盡	令	解	脫	而	我	自	身	方

이아자신 방성불도(而我自身 方成佛道)

저 자신도 비로소 불도를 이루겠나이다」라고 하였느리라

★ 方(방):모 방, 방위 방, 이제 방(今也), 떳떳할 방, 방법 방, (여기서는)바야흐로 방, 또 방(且也)

成	佛	道	以	是	於	彼	佛	前	立
이룰 성	부처님 불	도 도	까닭 이	이 시	어조사 어	그 피	부처님 불	앞 전	설 립
戈 4획	人 7획	辶 13획	人 5획	日 9획	方 8획	彳 8획	人 7획	刂 9획	立 5획
成	佛	道	以	是	於	彼	佛	前	立
成	佛	道	以	是	於	彼	佛	前	立
成	佛	道	以	是	於	彼	佛	前	立

이시 어피불전 입사대원(以是 於彼佛前 立斯大願)

　그 부처님 앞에서 이러한 대 원을 세웠기 때문에

★以(이):써 이, 쓸 이(用), 함께 이(與), (여기서는)까닭 이(因)

斯	大	願	于	今	百	千	萬	億	那
이 사	클 대	원할 원	어조사 우	이제 금	일백 백	일천 천	일만 만	억 억	어찌 나
斤 12획	大 3획	頁 19획	二 3획	人 4획	白 6획	十 3획	艹 13획	人 15획	阝 7획

우금 백천만억나유타불가설겁(于今 百千萬億那由他不可說劫)

  지금까지 백천만억 나유타(那由他)인 말로는 표현할 수 없는 많은 겁을 지내도

  나유타(那由他) : nayuta. 인도의 수량의 단위. 극히 큰 수. 천만이라고도 하고, 또는 천억에 상당하다하여 이설이 많음.

★ 于(우) : ① ~에, ~으로 ② (여기서는)~까지 ③ ~보다(비교의 뜻)

★ 尙爲(상위) : 오히려, …되다.

由	他	不	可	說	劫	尙	爲	菩	薩
말미암을유	다를 타	아닐 불	가히 가	말씀 설	겁 겁	오히려 상	될 위	보살 보	보살 살
田 5획	人 5획	一 5획	口 5획	言 14획	力 7획	小 8획	爪 12획	⺾ 12획	⺾ 18획

상위보살(尙爲菩薩)

   아직도 보살로 있느니라.

又	於	過	去	不	可	思	議	阿	僧
또 우	어조사 어	지날 과	갈 거	아닐 불	가히 가	생각 사	의논할 의	아첨할 아	중 승
又 2획	方 8획	辶 13획	厶 5획	一 5획	口 5획	心 9획	言 20획	阝 8획	人 14획

우어과거불가사의(又於過去不可思議)

　또한 과거의 생각으로는 헤아릴 수 없는

祗	劫	時	世	有	佛	號	曰	覺	華
공경할 지	겁 겁	때 시	대 세	있을 유	부처님 불	이름 호	가로되 왈	깨달을 각	빛날 화
示 10획	力 7획	日 10획	一 5획	月 6획	人 7획	虍 13획	曰 4획	見 20획	艹 12획

아승지겁 시세유불(阿僧祗劫 時世有佛)

　　아승지겁(阿僧祗劫)전 그때에 부처님이 계셨는데

　아승지겁(阿僧祗劫) : 헤아릴 수 없는 오랜 시간. 무량겁(無量劫)

定	自	在	王	如	來	彼	佛	壽	命
정할 정	스스로 자	있을 재	임금 왕	같을 여	올 래	저 피	부처님 불	목숨 수	목숨 명
宀 8획	自 6획	土 6획	王 4획	女 6획	人 8획	彳 8획	人 7획	士 14획	口 8획

호왈 각화정자재왕여래(號曰 覺華定自在王如來)
　　호를 각화정자재왕여래라 하고
피불수명(彼佛壽命)
　　그 부처님의 수명은

四	百	千	萬	億	阿	僧	祇	劫	像
넉 사	일백 백	일천 천	일만 만	억 억	언덕 아	중 승	공경할 지	겁 겁	형상 상
口 5획	白 6획	十 3획	艹 13획	人 15획	阝 8획	人 14획	示 10획	力 7획	人 14획

사백천만억아승지겁(四百千萬億阿僧祇劫)

　사백천만억(四百千萬億)아승지겁이나 되느니라.

法	之	中	有	一	婆	羅	門	女	宿
법 법	어조사 지	가운데 중	있을 유	하나 일	춤추는모양바	벌릴 라	문 문	계집 녀	묵을 숙
氵 8획	丶 4획	丨 4획	月 6획	一 1획	女 11획	罒 19획	門 8획	女 3획	宀 11획

상법지중 유일바라문녀 숙복심후(像法之中 有一婆羅門女 宿福深厚)

　　상법(像法)가운데 한 바라문(婆羅門)의 여자가 있어 숙세의 복이 심후하여
　상법(像法) : 부처님께서 입멸하고 나서 시대가 흘러감에 따라 그 설한 가르침이 여법(如法)하게
　　　　　　실행되지 않는다는 역사관에 입각해서 시대를 정(正), 상(像), 말(末)의 3시로 나눈
　　　　　　중간시대. 부처님이 입멸한 후 1천년의 정법시대가 지난뒤의 1천년 동안
　바라문(婆羅門) : 인도의 네 신분계급 가운데 가장 높은 승려 계급.
　숙세(宿世) : 전생의 세상
　심후(深厚) : 깊고 두터움

福	深	厚	衆	所	欽	敬	行	住	坐
복 복	깊을 심	두터울 후	무리 중	바 소	공경할 흠	공경할 경	다닐 행	머무를 주	앉을 좌
示 14획	氵 11획	厂 9획	血 12획	戶 8획	欠 12획	攵 13획	行 6획	人 7획	土 7획

중소흠경 행주좌와 제천위호(衆所欽敬 行住坐臥 諸天衛護)

  뭇사람들이 공경하는 바이며 행주좌와(行住坐臥)에 제천이 호위하였다.

  행주좌와(行住坐臥) : 다니고, 머물고, 앉고, 눕고 하는 사람의 일상적인 움직임.

臥	諸	天	衛	護	其	母	信	邪	常
누울 와	모두 제	하늘 천	막을 위	지킬 호	그 기	어미 모	믿을 신	사특할 사	항상 상
臣 8획	言 16획	大 4획	行 15획	言 21획	八 8획	母 5획	人 9획	阝 7획	巾 11획
臥	諸	天	衛	護	其	母	信	邪	常
臥	諸	天	衛	護	其	母	信	邪	常
臥	諸	天	衛	護	其	母	信	邪	常

기모신사 상경삼보(其母信邪 常輕三寶)

그 어머니가 사도(邪道)를 믿어 항상 삼보를 가볍게 여기었으므로

삼보(三寶) : 불보와 법보와 승보의 세가지.

輕	三	寶	是	時	聖	女	廣	設	方
가벼울 경	석 삼	보배 보	이 시	때 시	성인 성	계집 녀	넓을 광	베풀 설	방법 방
車 14획	一 3획	宀 20획	日 9획	日 10획	耳 13획	女 3획	广 15획	言 11획	方 4획

시시성녀 광설방편(是時聖女 廣設方便)
　이때에 성녀(聖女)가 널리 방편을 베풀어서

便	勸	誘	其	母	令	生	正	見	而
편할 편	권할 권	꾈일 유	그 기	어미 모	하여금 영	날 생	바를 정	견해 견	어조사 이
人 4획	力 20획	言 14획	八 8획	母 5획	人 5획	生 5획	止 5획	見 7획	而 6획

권유기모 영생정견(勸誘其母 令生正見)

　그 어머니를 권유하여 그로 하여금 정견(正見)이 생기게 하였지만

　정견(正見) : 바른 견해, 불교에 대한 바른 깨달음.

★誘(유) : 꾈일 유, 달랠 유, 가르칠 유, 당길 유

★令(영) : …로 하여금 ~하게 하다.

此	女	母	未	全	生	信	不	久	命
이 차	계집 녀	어미 모	아닐 미	온전 전	날 생	믿을 신	아닐 불	오랠 구	목숨 명
止 6획	女 3획	母 5획	木 5획	入 6획	生 5획	人 9획	一 5획	ノ 3획	口 8획

이차녀모 미전생신 (而此女母 未全生信)
　　이 여자의 어머니는 완전한 믿음이 생기지 않더니

불구명종 (不久命終)
　　오래지 아니하여 목숨을 마침(끝냄)에

終	魂	神	墮	在	無	間	地	獄	時
마침 종	혼 혼	귀신 신	떨어뜨릴 타	곳 재	없을 무	사이 간	땅 지	옥 옥	때 시
糸 14획	鬼 14획	示 10획	土 15획	土 6획	灬 12획	門 12획	土 6획	犭 14획	日 10획

혼신 타재무간지옥(魂神 墮在無間地獄)

　혼신(魂神)이 무간지옥(無間地獄)으로 떨어져 버렸다.

　무간지옥(無間地獄) : 팔열지옥(八熱地獄)의 하나. 남섬부주 아래 2만 유순되는 곳에 있는 혹독한 지옥이다. 괴로움을 받는 것이 끝이 없으므로 이렇게 이름한다. 5역죄의 하나를 범하거나 인과를 무시하고 삼보정재(三寶淨財)인 절이나 탑을 무너뜨리거나 성중(聖衆)을 비방하고 공연히 시주 물건을 축내는 사람은 이 지옥에 빠진다고 한다.

婆	羅	門	女	知	母	在	世	不	信
춤추는모양바	벌릴 라	문 문	계집 녀	알 지	어미 모	있을 재	세상 세	아닐 불	믿을 신
女 11획	网 19획	門 8획	女 3획	矢 8획	母 5획	土 6획	一 5획	一 5획	人 9획

시 바라문녀 지모재세 (時 婆羅門女 知母在世)

그때 바라문녀는 어머니가 세상에 계실적에

★ 計(계) : 꾀할 계, 셀 계, 셈 계

因	果	計	當	隨	業	必	生	惡	趣
원인 인	실과 과	셈 계	마땅할당	따를 수	업 업	반드시 필	날 생	나쁠 악	추창할 취
口 6획	木 8획	言 9획	田 13획	阝 16획	木 13획	心 5획	生 5획	心 12획	走 15획

불신인과 계당수업 필생악취 수매가택(不信因果 計當隨業 必生惡趣 遂賣家宅)

  인과(因果)를 믿지 아니했으니 업에 따라 반드시 악취에 날것을 짐작하여 알고 드디어 가택
  을 팔아서

 인과(因果) : 원인과 결과. 결과를 낳게 하는것이 인이고 그 인에 의해 생기는 것이 과이다.

 악취(惡趣) : 악업에 의해 태어나는 세계 지옥·아귀·축생을 3악취라하고 아수라를 더하여
          4악취가 된다.

遂	賣	家	宅	廣	求	香	華	及	諸
드디어 수	팔 매	집 가	집 택	넓을 광	구할 구	향기 향	꽃 화	미칠 급	모두 제
辶 13획	貝 15획	宀 10획	宀 6획	广 15획	水 7획	香 9획	艹 12획	又 4획	言 16획

광구향화 급제공구(廣求香華 及諸供具)

향(香)과 꽃과 모든 공양의 기구를 널리 구하여서

供	具	於	先	佛	塔	寺	大	興	供
바칠 공	연장 구	어조사 어	앞 선	부처님 불	탑 탑	절 사	클 대	일으킬 흥	바칠 공
人 8획	八 8획	方 8획	儿 6획	人 7획	土 13획	寸 6획	大 3획	臼 16획	人 8획

어선불탑사 대흥공양(於先佛塔寺 大興供養)

　먼저 부처님의 탑사(塔寺)에 크게 공양을 올리다가

養	見	覺	華	定	自	在	王	如	來
받들 양	볼 견	깨달을 각	빛날 화	정할 정	스스로 자	있을 재	임금 왕	같을 여	올 래
食 15획	見 7획	見 20획	⺿ 12획	宀 8획	自 6획	土 6획	王 4획	女 6획	人 8획

견각화정자재왕여래(見覺華定自在王如來)

　각화정자재왕여래를 뵈오니

其	形	像	在	一	寺	中	塑	畵	威
그 기	형상 형	형상 상	있을 재	하나 일	절 사	가운데 중	흙으로만들 소	그림 화	위엄 위
八 8획	彡 7획	人 14획	土 6획	一 1획	寸 6획	ㅣ 4획	土 13획	田 12획	女 9획

기형상 재일시중 소화위용 단엄필비(其形像 在一寺中 塑畵威容 端嚴畢備)

그 형상이 절 한가운데 계시되 불상과 탱화의 위엄스러운 얼굴이 단정하고
엄숙함이 구비했거늘

소화(塑畵) : 탱화 (塑 : 허수아비 소)

단엄(端嚴) : 단정하고 엄숙함

容	端	嚴	畢	備	時	婆	羅	門	女
얼굴 용	단정할 단	엄할 엄	다 필	갖출 비	때 시	춤추는모양바	벌릴 라	문 문	계집 녀
宀 10획	立 14획	口 20획	田 11획	人 12획	日 10획	女 11획	罒 19획	門 8획	女 3획

시 바라문녀 첨례존용 (時 婆羅門女 瞻禮尊容)

　그때 바라문녀가 높으신 얼굴에 더욱 우러러 예배하고

瞻	禮	尊	容	倍	生	敬	仰	私	自
볼 첨	예절 례	높을 존	얼굴 용	더할 배	날 생	공경할 경	우러러볼앙	사사로이할사	스스로 자
目 18획	示 18획	寸 12획	宀 10획	人 10획	生 5획	攵 13획	人 6획	禾 7획	自 6획

배생경앙 사자염언(倍生敬仰 私自念言)

경앙(敬仰)하는 마음이 갑절이나 생겨서 가만히 스스로 생각하여 말하기를

경앙(敬仰) : 공경하고 우러러 봄.

念	言	佛	名	大	覺	具	一	切	智
생각 녬	말씀 언	부처님 불	이름 명	클 대	깨달을 각	갖출 구	온통 일	온통 체	슬기 지
心 8획	言 7획	人 7획	口 6획	大 3획	見 20획	八 8획	一 1획	刀 4획	日 12획
念	言	佛	名	大	覺	具	一	切	智
念	言	佛	名	大	覺	具	一	切	智
念	言	佛	名	大	覺	具	一	切	智

불명대각 구일체지(佛名大覺 具一切智)

　부처님의 이름은 대각(大覺)이라 온갖 지혜를 갖추었으니

若	在	世	時	我	母	死	後	儻	來
만약 약	있을 재	세상 세	때 시	나 아	어미 모	죽을 사	뒤 후	혹시 당	올 래
艹 9획	土 6획	一 5획	日 10획	戈 7획	母 5획	歹 6획	彳 9획	人 22획	人 8획

약재세시(若在世時)
　　만약 세상에 계셨더라면

아모사후 당래문불(我母死後 儻來問佛)
　　내 어머니가 돌아가신뒤(死後) 만일 부처님께 와서 여쭈었으면

★ 儻(당) : 얽매지 않을 당, 어쩌 당, 혹시 당 (혹시…하면, 만약…면)

問	佛	必	知	處	所	時	婆	羅	門
물을 문	부처님 불	반드시 필	알 지	곳 처	곳 소	때 시	춤추는모양바	벌릴 라	문 문
口 11획	人 7획	心 5획	矢 8획	虍 11획	戶 8획	日 10획	女 11획	罒 19획	門 8획

필지처소(必知處所)
    반드시 나신 곳을 알았을 것이라고 하면서
시 바라문녀(時 婆羅門女)
    바라문녀가
    바라문(婆羅門) : 범어 바라문의 음역(音譯) – 인도 사성(四姓)가운데 가장 높은 지위의 승족(僧族)

146 지장경

女	垂	泣	良	久	瞻	戀	如	來	忽
계집 녀	드리울 수	울 읍	진실로 량	오랠 구	볼 첨	그리워할 련	같을 여	올 래	홀연 홀
女 3획	土 8획	氵 8획	艮 7획	丿 3획	目 18획	心 23획	女 6획	人 8획	心 8획
女	垂	泣	良	久	瞻	戀	如	來	忽
女	垂	泣	良	久	瞻	戀	如	來	忽
女	垂	泣	良	久	瞻	戀	如	來	忽

수읍양구 첨련여래(**垂泣良久 瞻戀如來**)

오래도록 슬피울며 부처님을 우러러 보고 기도 하였더니

수읍(垂泣) : 울음 우는것.

양구(良久) : 얼마동안. 매우 오랜동안

★良(량) : 착할 량, 어질 량, 자못 량, 퍼그나 량, 때문 량

★戀(련) : 생각 련, 사모할 련, 그리워할 련.

聞	空	中	聲	曰	泣	者	聖	女	勿
들을 문	빌 공	가운데 중	소리 성	가로되 왈	울 읍	사람 자	성인 성	계집 녀	말 물
耳 14획	穴 8획	ㅣ 4획	耳 17획	曰 4획	氵 8획	耂 9획	耳 13획	女 3획	勹 4획

홀문공중성왈(忽聞空中聲曰)

　홀연 공중에서 소리가 들려오기를

읍자성녀 물지비애(泣者聖女 勿至悲哀)

　「우는 자 성녀야 너무 슬퍼하지 말아라.

　★勿(물):없을 물, 말 물, 금지 사(禁止 辭)

至	悲	哀	我	今	示	汝	母	之	去
지극할 지	슬퍼할 비	슬플 애	나 아	이제 금	보일 시	너 여	어미 모	어조사 지	갈 거
至 6획	心 12획	口 9획	戈 7획	人 4획	示 5획	氵 6획	母 5획	丿 3획	厶 5획

아금시여모지거처 (我今示汝母之去處)
　내가 지금 너의 어머니가 간 곳을 보여주마」하시었다.

處	婆	羅	門	女	合	掌	向	空	而
곳 처	춤추는모양바	벌릴 라	문 문	계집 녀	합할 합	손바닥 장	향할 향	빌 공	어조사 이
虍 11획	女 11획	罒 19획	門 8획	女 3획	口 6획	手 12획	口 6획	穴 8획	而 6획

바라문녀 합장향공 (婆羅門女 合掌向空)

   바라문녀가 합장하고 공중을 향하여

白	天	日	是	何	神	德	寬	我	憂
아뢸 백	하늘 천	가로되 왈	이 시	어찌 하	싱그러울 신	덕 덕	너그러울 관	나 아	근심 우
白 5획	大 4획	日 4획	日 9획	人 7획	示 10획	彳 15획	宀 15획	戈 7획	心 15획

이백천왈(而白天日)
　　하늘에 아뢰기를

시하신덕 관아우려(是何神德 寬我憂慮)
　　「이 어떠한 신덕(神德)이옵기에 저의 근심을 너그러이 풀어주시옵니까?
　　우려(憂慮): 근심, 염려

慮	我	自	失	母	已	來	晝	夜	憶
걱정할 려	나 아	스스로 자	잃을 실	어미 모	이미 이	올 래	낮 주	밤 야	생각할 억
心 15획	戈 7획	自 6획	大 5획	母 5획	己 3획	人 8획	日 11획	夕 8획	↑ 16획

아자실모이래 주야억련(我自失母已來 晝夜憶戀)

저는 어머니가 돌아가신 뒤로 밤낮 생각하였으나

戀	無	處	可	問	知	母	生	界	時
그리워할련	없을 무	곳 처	가히 가	물을 문	알 지	어미 모	날 생	둘레 계	때 시
心 23획	灬 12획	虍 11획	口 5획	口 11획	矢 8획	母 5획	生 5획	田 9획	日 10획

무처가문 지모생계(無處可問 知母生界)

어머니의 태어 나신 세계를 물어 볼 데가 없습니다.」

空	中	有	聲	再	報	女	曰	我	是
빌 공	가운데 중	있을 유	소리 성	두번할 재	갚을 보	계집 녀	가로되 왈	나 아	이 시
穴 8획	ㅣ 4획	月 6획	耳 17획	冂 6획	土 12획	女 3획	曰 4획	戈 7획	日 9획

시 공중유성 재보녀왈아시여소첨례자(時 空中有聲 再報女曰我是汝所瞻禮者)

그때에 공중에서 다시 소리가 나서 바라문의 딸에게 이르기를 「나는 네가 정성을 다하여 우러러 절을 하는

★ 報(보):갚을 보, 고할 보, 알릴 보, 대답할 보

汝	所	瞻	禮	者	過	去	覺	華	定
너 여	바 소	볼 첨	예절 례	사람 자	지날 과	갈 거	깨달을 각	빛날 화	정할 정
氵 6획	戶 8획	目 18획	示 18획	耂 9획	辶 13획	厶 5획	見 20획	艹 12획	宀 8획

과거각화정자재왕여래(過去覺華定自在王如來)

　과거의 각화정자재왕여래 이다.

自	在	王	如	來	見	汝	憶	母	倍
스스로 자	있을 재	임금 왕	같을 여	올 래	볼 견	너 여	생각할 억	어미 모	곱 배
自 6획	土 6획	王 4획	女 6획	人 8획	見 7획	氵 6획	忄 16획	母 5획	人 10획

견여억모 배어상정중생지분 (見汝憶母 倍於常情衆生之分)

네가 어머니를 생각하는 정이 보통 중생의 정 보다 갑절이나 됨을 보았으므로

於	常	情	眾	生	之	分	故	來	告
어조사 어	항상 상	정 정	무리 중	날 생	어조사 지	나눌 분	연고 고	올 래	알릴 고
方 8획	巾 11획	忄 11획	血 12획	生 5획	丿 3획	刀 4획	攵 9획	人 8획	口 7획

고래고시(故來告示)

　　와서 너에게 일러 주노라」하시었다.

★ 故(고) : 예 고(舊也), 연고 고, 일 고(事也), 사건 고, 죽을 고, 까닭 고, 그러므로 고, 짐짓 고, 과실 고

示	婆	羅	門	女	聞	此	聲	已	擧
보일 시	춤추는모양바	벌릴 라	문 문	계집 녀	들을 문	이 차	소리 성	이미 이	들 거
示 5획	女 11획	罒 19획	罒 19획	女 3획	耳 14획	止 6획	耳 17획	己 3획	臼 18획

바라문녀 문차성이(婆羅門女 聞此聲已)

　바라문녀는 이 소리를 듣자마자

158 지장경

身	自	撲	支	節	皆	損	左	右	扶
몸 신	스스로 자	칠 박	가지 지	마디 절	다 개	상할 손	왼 좌	오른쪽 우	붙들 부
身 7획	自 6획	扌15획	支 4획	竹 15획	白 9획	扌13획	工 5획	口 5획	扌7획

거신자박 지절개손(擧身自撲 支節皆損)

    몸을 들어 스스로 부딪쳐서 지절(支節)이 모두 상하였으므로

좌우부시 양구방소(左右扶侍 良久方蘇)

    좌우에서 붙들어 모시니 한참만에 깨어나서

  지절(支節) : 팔 다리의 뼈마디

  ★ 支(지) : 고일 지, 버틸 지, 지탱할 지, 내줄 지(支出), 흩어질 지, 나누어질 지, 가지 지

侍	良	久	方	蘇	而	白	空	曰	願
모실 시	진실로 량	오랠 구	향할 방	깨날 소	어조사 이	아뢸 백	빌 공	가로되 왈	원할 원
人 8획	艮 7획	ノ 3획	方 4획	⺾ 20획	而 6획	白 5획	穴 8획	曰 4획	頁 19획

이백공왈 원불자민(而白空曰 願佛慈愍)

　공중을 향해 아뢰기를 「원하옵건데 부처님께서는 사랑으로 불쌍하게 여기시어

佛	慈	愍	速	説	我	母	生	界	我
부처님 불	사랑 자	가엾어할 민	빠를 속	말씀 설	나 아	어미 모	날 생	지경 계	나 아
人 7획	心 14획	心 13획	辶 11획	言 14획	戈 7획	母 5획	生 5획	田 9획	戈 7획
佛	慈	愍	速	説	我	母	生	界	我
佛	慈	愍	速	説	我	母	生	界	我
佛	慈	愍	速	説	我	母	生	界	我

속설아모생계(速說我母生界)

빨리 저의 어머니가 태어난 곳을 말씀하여 주십시오.

今	身	心	將	死	不	久	時	覺	華
이제 금	몸 신	마음 심	장차 장	죽을 사	아닐 불	오랠 구	때 시	깨달을 각	빛날 화
人 4획	身 7획	心 4획	寸 11획	歹 4획	一 4획	ノ 3획	日 10획	見 20획	⺾ 12획
今	身	心	將	死	不	久	時	覺	華
今	身	心	將	死	不	久	時	覺	華
今	身	心	將	死	不	久	時	覺	華

아금신심 장사불구(我今身心 將死不久)

 저의 지금의 몸과 마음은 오래지 않아서 죽을것 같습니다.」

★將(장):장차 장, 장수 장, 거느릴 장, 가질 장, 나아갈 장, 행할 장, 곧 장, 보낼 장, 도울 장

定	自	在	王	如	來	告	聖	女	曰
정할 정	스스로 자	있을 재	으뜸 왕	같을 여	올 래	알릴 고	성인 성	계집 녀	가로되 왈
宀 8획	自 6획	土 6획	王 4획	女 6획	人 8획	口 7획	耳 13획	女 3획	曰 4획
定	自	在	王	如	來	告	聖	女	曰
定	自	在	王	如	來	告	聖	女	曰
定	自	在	王	如	來	告	聖	女	曰

시 각화정자재왕여래(時 覺華定自在王如來)
그때 각화정자재왕여래께서

고성녀왈(告聖女曰)
성녀에게 이르시기를

汝	供	養	畢	但	早	返	舍	端	坐
너 여	바칠 공	받들 양	마칠 필	다만 단	일찍 조	돌아올 반	집 사	단정할 단	앉을 좌
氵 3획	人 8획	食 15획	田 11획	人 7획	日 6획	辶 8획	舌 8획	立 14획	土 7획

여공양필 단조반사(汝供養畢 但早返舍)

「네가 공양을 마치거든 얼른 집으로 돌아가서

단좌사유 오지명호(端坐思惟 吾之名號)

단정하게 앉아 나의 명호를 생각하면

★ 惟(유) : 생각할 유, 오직 유, 꾀 유, 꾀할 유, 어조사 유

(참고) 唯 : 오직 유, 뿐 유, 허락할 유, 어조사 유

思	惟	吾	之	名	號	卽	當	知	母
생각할 사	생각할 유	나 오	어조사 지	이름 명	이름 호	곧 즉	곧 당	알 지	어미 모
心 9획	忄 11획	口 7획	ノ 3획	口 6획	虍 13획	卩 7획	田 13획	矢 8획	母 5획

즉당지모 소생거처(卽當知母 所生去處)

　곧 너의 어머니가 태어나서 간 곳을 알게 될것이다.」라고 하셨다.

★當(당):마땅할 당, 대적할 당, 적합할 당, 방비할 당, 곧 당, 전당할 당

所	生	去	處	時	婆	羅	門	女	尋
곳 소	날 생	갈 거	곳 처	때 시	춤추는모양바	빌릴 라	문 문	계집 녀	찾을 심
戶 8획	生 5획	厶 5획	虍 11획	日 10획	女 11획	罒 19획	門 8획	女 3획	寸 12획

시 바라문녀 심례불이 (時婆羅門女 尋禮佛已)

  이때 바라문녀는 부처님께 예배하기를 마치고

★尋(심):찾을 심, 항상 심, 여덟자 심, 쓸 심(用也), 이을 심

禮	佛	已	卽	歸	其	舍	以	憶	母
예절 례	부처님 불	이미 이	곧 즉	돌아올 귀	그 기	집 사	까닭 이	생각할 억	어미 모
示 18획	人 7획	己 3획	卩 7획	止 18획	八 8획	舌 8획	人 5획	忄 16획	母 5획

즉귀기사 이억모고(卽歸其舍 以憶母故)
 곧 그의 집으로 돌아와서는 어머니가 그리워

故	端	坐	念	覺	華	定	自	在	王
고로 고	단정할 단	앉을 좌	생각할 념	깨달을 각	빛날 화	정할 정	스스로 자	있을 재	으뜸 왕
攵 9획	立 14획	土 7획	心 8획	見 20획	++ 12획	宀 8획	自 6획	土 6획	王 4획

단좌념 각화정자재왕여래(端坐念 覺華定自在王如來)

단정히 앉아 각화정자재왕여래를 생각하면서

如	來	經	一	日	一	夜	忽	見	自
같을 여	올 래	지날 경	하나 일	날 일	하나 일	밤 야	문득 홀	나타날 견	자기 자
女 6획	人 8획	糸 13획	一 1획	日 4획	一 1획	夕 8획	心 8획	見 7획	自 6획

경일일일야(經一日一夜)
　하룻밤 하루낮을 지냈더니
홀견자신 도일해변(忽見自身 到一海邊)
　문득 자기몸이 한 바닷가에 이르렀는데
　★ 經(경):경서 경, 글 경, 날 경, 경도 경, (여기서는)지날 경, 다스릴 경, 떳떳할 경

身	到	一	海	邊	其	水	湧	沸	多
몸 신	이를 도	한 일	바다 해	물가 변	그 기	물 수	솟아날 용	끓을 비	많을 다
身 7획	刂 8획	一 1획	氵 10획	辶 19획	八 8획	水 4획	氵 12획	氵 8획	夕 6획

기수용비 다제악수 (其水湧沸 多諸惡獸)

그 물이 끓어 오르고 많은 악한 짐승들이

용비(湧沸) : 끓어 오름.

諸	惡	獸	盡	復	鐵	身	飛	走	海
모두 제	나쁠 악	짐승 수	모두 진	다시 부	쇠 철	몸 신	날 비	달릴 주	바다 해
言 16획	心 12획	犬 19획	皿 14획	彳 12획	金 21획	身 7획	飛 9획	走 7획	氵 10획

진부철신 비주해상(盡復鐵身 飛走海上)

　모두 쇠몸(鐵身)을 하고 해상을 날아 다니면서

上	東	西	馳	逐	見	諸	男	子	女
윗 상	동녘 동	서녘 서	달릴 치	쫓을 축	볼 견	모두 제	사내 남	아들 자	계집 여
一 3획	木 8획	襾 6획	馬 13획	辶 11획	見 7획	言 16획	田 7획	子 3획	女 3획

동서치축(東西馳逐)
　　동서로 쫓아 다니고
　치축(馳逐) : 말을 달려서 뒤쫓음, 달려가서 쫓음.
견제남자여인 백천만수(見諸男子女人 百千萬數)
　　모든 남자와 여인 백천만명이

人	百	千	萬	數	出	沒	海	中	被
사람 인	일백 백	일천 천	일만 만	셈할 수	나올 출	빠질 몰	바다 해	가운데 중	미칠 피
人 2획	白 6획	十 3획	++ 13획	女 15획	凵 5획	氵 7획	氵 10획	丨 4획	衤 10획
人	百	千	萬	數	出	沒	海	中	被
人	百	千	萬	數	出	沒	海	中	被
人	百	千	萬	數	出	沒	海	中	被

출몰해중(出沒海中)

바다 가운데로 들어갔다가 나왔다가 하다가

출몰(出沒) : 나타났다 사라졌다함.

諸	惡	獸	爭	取	食	噉	又	見	夜
모두 제	나쁠 악	짐승 수	다툴 쟁	취할 취	먹을 식	먹을 담	또 우	볼 견	밤 야
言 16획	心 12획	犬 19획	爪 8획	又 8획	食 9획	口 15획	又 2획	見 7획	夕 8획

피제악수 쟁취식담(被諸惡獸 爭取食噉)

여러 악한 짐승들에게 다투어 가며 잡아 먹히는 것이 보이며

우견야차 기형각이(又見夜叉 其形各異)

또한 야차(夜叉)의 모양이 각각 달라서

야차(夜叉): 팔부중(八部衆)의 하나. 하늘을 날아다니며 사람을 잡아먹고 상해를 입힌다는 잔
　　　　　인한 귀신

叉	其	形	各	異	或	多	手	多	眼
귀신이름 차	그 기	형상 형	각각 각	다를 이	혹 혹	많을 다	손 수	많을 다	눈 안
叉 3획	八 8획	彡 7획	口 6획	田 11획	戈 8획	夕 6획	手 4획	夕 6획	目 11획

혹다수다안 다족다두 (或多手多眼 多足多頭)

　손이 많은 것과 눈이 많은 것과, 발이 많은 것과 머리가 많은 것과

多	足	多	頭	口	牙	外	出	利	刃
많을 다	발 족	많을 다	머리 두	입 구	어금니 아	바깥 외	나올 출	날카로울 리	칼날 인
夕 6획	足 7획	夕 6획	頁 16획	口 3획	牙 4획	夕 5획	凵 5획	刂 7획	刀 3획
多	足	多	頭	口	牙	外	出	利	刃
多	足	多	頭	口	牙	外	出	利	刃
多	足	多	頭	口	牙	外	出	利	刃

구아외출 이인여구 (口牙外出 利刃如鉤)

어금니가 밖으로 튀어 나와서 날카롭기가 칼날 같은 것들이

★鉤(구) : 갈고리 구, 갈고랑쇠 구, 끌 구(牽也), 곱장칼 구

如	鉤	驅	諸	罪	人	使	近	惡	獸
같을 여	칼 구	몰 구	모두 제	허물 죄	사람 인	하여금 사	가까울 근	나쁠 악	짐승 수
女 6획	金 12획	馬 21획	言 16획	罒 13획	人 2획	人 8획	辶 8획	心 12획	犬 19획

구제죄인 사근악수(驅諸罪人 使近惡獸)

여러 죄인을 몰아서 악한 짐승들에게 가깝게 대어 주며

復	自	搏	攫	頭	足	相	就	其	形
다시 부	스스로 자	칠 박	움킬 확	머리 두	발 족	서로 상	이룰 취	그 기	형상 형
彳 12획	自 6획	扌 13획	扌 23획	頁 16획	足 7획	目 9획	尢 12획	八 8획	彡 7획

부자박확 두족상취(復自搏攫 頭足相就)

다시 스스로 치고 받아서 머리와 다리가 서로 엉키는 등.

★搏(박):두드릴 박, 취할 박, 잡을 박, 손바닥으로칠 박

萬	類	不	敢	久	視	時	婆	羅	門
일만 만	종류 류	아닐 불	감히 감	오랠 구	볼 시	때 시	춤추는모양바	벌릴 라	문 문
⺾ 13획	頁 19획	一 4획	攵 12획	ノ 3획	見 12획	日 10획	女 11획	罒 19획	門 8획

기형만류 불감구시(其形萬類 不敢久視)
그 모양이 만 가지나 되어 감히 볼 수가 없었다.
시 바라문녀 이념불력고(時 婆羅門女 以念佛力故)
그때 바라문녀는 염불하는 힘 때문에
★ 以(이) : ~으로써 이, 쓸 이(用也), 함께 이(與也), (여기서는)까닭 이

女	以	念	佛	力	故	自	然	無	懼
계집 녀	까닭 이	생각할 념	부처님 불	힘 력	고로 고	저절로 자	그럴 연	없을 무	두려워할 구
女 3획	人 5획	心 8획	人 7획	力 2획	攵 9획	自 6획	灬 12획	灬 12획	忄 21획

자연무구(自然無懼)

　자연 두려움이 없었다.

有	一	鬼	王	名	曰	無	毒	稽	首
있을 유	한 일	귀신 귀	임금 왕	이름 명	가로되 왈	없을 무	독 독	머리숙일계	머리 수
月 6획	一 1획	鬼 10획	王 4획	口 6획	曰 4획	灬 12획	母 8획	禾 15획	首 9획

유일귀왕 명왈무독(有一鬼王 名曰無毒)

한 귀왕(鬼王)이 있어 이름을 무독(無毒)이라 불렀는데

來	迎	白	聖	女	曰	善	哉	菩	薩
올 래	맞이할 영	아뢸 백	성인 성	계집 녀	가로되 왈	착할 선	어조사 재	보살 보	보살 살
人 8획	辶 8획	白 5획	耳 13획	女 3획	曰 4획	口 12획	口 9획	艹 12획	艹 18획

계수내영 백성녀왈(稽首來迎 白聖女曰)

머리를 조아리며 와서 성녀를 영접하며 하는 말이

계수(稽首) : 이마가 땅에 닿도록 절을 함. 돈수(頓首)보다 더 머리를 굽힘.

★ 稽(계) : 상고할 계, 계교할 계, 의논할 계, 익살부릴 계, (여기서는)머리숙일 계

선재 보살 하연내차(善哉 菩薩 何緣來此)

「장하십니다. 보살은 어떠한 인연으로 이곳에 오셨습니까?」

선재(善哉) : 착하다! 장하다!

何	緣	來	此	時	婆	羅	門	女	問
어찌 하	인연 연	올 래	이 차	때 시	춤추는모양바	벌릴 라	문 문	계집 녀	물을 문
人 7획	糸 15획	人 8획	止 6획	日 10획	女 11획	罒 19획	門 8획	女 3획	口 11획

★ 哉(재) : 비롯할 재, 어조사 재
　　① 문장의 끝에서 의문이나 반어(反語)를 나타내는 조사
　　② 여기서는 감탄을 나타내는 조사로 쓰였음.
　　③ 哉生明－음력 초사흘, 哉生魄－음력 16일

시 바라문녀(時 婆羅門女)
　　이때 바라문녀가

鬼	王	曰	此	是	何	處	無	毒	答
귀신 귀	임금 왕	가로되 왈	이 차	이 시	어찌 하	곳 처	없을 무	독 독	대답할 답
鬼 10획	王 4획	曰 4획	止 6획	日 9획	人 7획	虍 11획	灬 12획	母 8획	竹 12획

문귀왕왈 차시하처(問鬼王曰 此是何處)
　귀왕께 묻기를「이곳은 어디입니까?」
무독답 왈(無毒答 曰)
　무독이 대답하기를

曰	此	是	大	鐵	圍	山	西	面	第
가로되 왈	이 차	이 시	클 대	쇠 철	둘러쌀 위	메 산	서녘 서	방위 면	차례 제
曰 4획	止 6획	日 9획	大 3획	金 21획	口 12획	山 3	西 6획	面 9획	竹 11획

차시대철위산서면제일중해(此是大鐵圍山西面第一重海)

「이곳은 대철위산(大鐵圍山)의 서쪽에 있는 첫째 바다입니다.」

철위산(鐵圍山) : 구산팔해의 아홉산의 하나. 지변산을 둘러 있는 산으로서, 지변산으로부터 363,288유순의 곳에 있다하며 혹은, 염부제의 남쪽끝으로부터 300,600, 663유순의 곳에 있는 철산이라고 한다.

一	重	海	聖	女	問	曰	我	聞	鐵
첫째 일	중할 중	바다 해	성인 성	계집 녀	물을 문	가로되 왈	나 아	들을 문	쇠 철
一 1획	里 9획	氵 10획	耳 13획	女 3획	口 11획	曰 4획	戈 7획	耳 14획	金 21획

성녀문왈아문철위지내(聖女問曰我聞鐵圍之內)

성녀가 묻기를, 「내가 들으니 철위산 안에

圍	之	內	地	獄	在	中	是	事	實
둘러쌀 위	어조사 지	안 내	땅 지	옥 옥	있을 재	가운데 중	이 시	일 사	실제 실
口 12획	ノ 3획	入 4획	土 6획	犭14획	土 6획	ㅣ4획	日 9획	ㅣ8획	宀14획

지옥재중 시사실부(地獄在中 是事實不)
지옥이 있다고 하는데 이것이 사실입니까?」

不	無	毒	答	曰	實	有	地	獄	聖
아닐 부	없을 무	독 독	대답할 답	가로되 왈	실제 실	있을 유	땅 지	옥 옥	성인 성
一 4획	灬 12획	母 8획	竹 12획	日 4획	宀 14획	月 6획	土 6획	犭 14획	耳 13획

무독답왈 실유지옥(無毒答曰 實有地獄)

무독이 대답하기를 「참으로 지옥이 있습니다.」

女	問	曰	我	今	云	何	得	到	獄
계집 녀	물을 문	가로되 왈	나 아	이제 금	어조사 운	어찌 하	얻을 득	이를 도	옥 옥
女 3획	口 11획	曰 4획	戈 7획	人 4획	二 4획	人 7획	彳 11획	刂 8획	犭 14획

성녀문왈(聖女問曰)
　　성녀가 묻기를
아금운하 득도옥소(我今云何 得到獄所)
　　「제가 어떻게 하면 그곳에 이를 수가 있겠습니까?」
　운하(云何) : 여하(如何), 어떻게, 어떻게 하면
　★得(득) : 얻을 득, 잡을 득, 잘할 득
　　　동사앞에서 조동사 역할을 한다. 영어의 'Can'으로 볼 수 있다. * 得到 - Can reach

所	無	毒	答	曰	若	非	威	神	卽
곳 소	없을 무	독 독	대답할 답	가로되 왈	만약 약	아닐 비	위엄 위	정신 신	곧 즉
戶 8획	灬 12획	母 8획	竹 12획	曰 4획	艹 9획	非 8획	女 9획	示 10획	卩 7획

무독답왈약비위신 즉수업력(無毒答曰若非威神 卽須業力)

　무독이 대답하기를「만약 부처님의 위신력이 아니면, 업력에 의해서 입니다.

　업력(業力) : 과보를 이끄는 업인(業因)의 큰 힘.

★須(수) : 기다릴 수, 잠깐 수, 수염 수, (여기서는) 모름지기(반드시) 수

須	業	力	非	此	二	事	終	不	能
반드시 수	업 업	힘 력	아닐 비	이 차	두 이	일 사	끝 종	아닐 불	능할 능
頁 12획	木 13획	力 2획	非 8획	止 6획	二 2획	亅 8획	糸 11획	一 4획	月 10획
須	業	力	非	此	二	事	終	不	能
須	業	力	非	此	二	事	終	不	能
須	業	力	非	此	二	事	終	不	能

비차이사 종불능도(非此二事 終不能到)

　이 두가지가 아니면 끝내 이곳에는 오지 못할 것입니다.」

到	聖	女	又	問	此	水	何	緣	而
이를 도	성인 성	계집 녀	또 우	물을 문	이 차	물 수	어찌 하	인연 연	어조사 이
刂 8획	耳 13획	女 3획	又 2획	口 11획	止 6획	水 4획	人 7획	糸 15획	而 6획

성녀우문(聖女又問)
　　성녀가 또 묻기를
차수하연 이내용비(此水何緣 而乃湧沸)
　「이 물은 무슨 연유로 끓어오르며

乃	湧	沸	多	諸	罪	人	及	以	惡
이에 내	솟아날 용	끓을 비	많을 다	모두 제	허물 죄	사람 인	미칠 급	까닭 이	나쁠 악
ノ 2획	氵 12획	氵 8획	夕 6획	言 16획	罒 13획	人 2획	又 4획	人 5획	心 12획

다제죄인 급이악수(多諸罪人 及以惡獸)

저 많은 죄인과 험악한 짐승들은 어떻게 된 것입니까?」

獸	無	毒	答	曰	此	是	南	閻	浮
짐승 수	없을 무	독 독	대답할 답	가로되 왈	이 차	이 시	남녘 남	마을 염	뜰 부
犬 19획	灬 12획	母 8획	竹 12획	曰 4획	止 6획	曰 9획	十 9획	門 16획	氵 10획

무독답왈(無毒答曰)
　무독이 답하기를
차시남염부제조악중생(此是南閻浮提造惡衆生)
　「이것들은 염부제(閻浮提)에서 악한 짓을 한 중생들로

提	造	惡	衆	生	新	死	之	者	經
끌 제	지을 조	나쁠 악	무리 중	날 생	새 신	죽을 사	어조사 지	사람 자	지날 경
扌 12획	辶 12획	心 12획	血 12획	生 5획	斤 13획	夕 6획	丿 3획	耂 9획	糸 13획
提	造	惡	衆	生	新	死	之	者	經
提	造	惡	衆	生	新	死	之	者	經
提	造	惡	衆	生	新	死	之	者	經

신사지자 경사십구일(新死之者 經四十九日)

갓 죽어서 사십구일이 지나도록

四	十	九	日	無	人	繼	嗣	爲	作
넉 사	열 십	아홉 구	날 일	없을 무	사람 인	이을 계	이을 사	할 위	지을 작
口 5획	十 2획	乙 2획	日 4획	灬 12획	人 2획	糸 20획	口 13획	爪 12획	人 7획

무인계사 위작공덕 구발고난(無人繼嗣 爲作功德 救拔苦難)

　그 자식이 망자(亡者)를 위해 공덕을 지어서 고난으로부터 구제해 줄 사람이 없으며

　계사(繼嗣): 후사를 이음. 인계사(人繼嗣)는 후사를 이을 자식을 말한다.

★拔(발): 뺄 발, 뽑을 발, 빼어날 발, 가릴 발.

196 지장경

功	德	救	拔	苦	難	生	時	又	無
공 공	덕 덕	구원할 구	가릴 발	괴로울 고	어려울 난	날 생	때 시	또 우	없을 무
力 5획	彳15획	攵 11획	扌8획	艹 9획	隹 19획	生 5획	日 10획	又 2획	灬 12획

생시우무선인(生時又無善因)

살았을때 또한 착한 일 한 바가 없으므로

善	因	當	據	本	業	所	感	地	獄
착할 선	원인 인	마땅할 당	의거할 거	근본 본	업 업	바 소	느낄 감	땅 지	옥 옥
口 12획	口 6획	田 13획	扌 16획	木 5획	木 13획	戶 8획	心 13획	土 6획	犭 14획

당거본업소감지옥(當據本業所感地獄)

　마땅히 본업의 감득에 따라 지옥으로 가려면

自	然	先	度	此	海	海	東	十	萬
저절로 자	그럴 연	먼저 선	건늘 도	이 차	바다 해	바다 해	동녘 동	열 십	일만 만
自 6획	灬 12획	儿 6획	广 9획	止 6획	氵 10획	氵 10획	木 8획	十 2획	艹 13획
自	然	先	度	此	海	海	東	十	萬
自	然	先	度	此	海	海	東	十	萬
自	然	先	度	此	海	海	東	十	萬

자연선도차해(自然先度此海)
　　자연 이 바다를 건너야 되며
해동십만유순 우유일해(海東十萬由旬 又有一海)
　　바다 동쪽에 십만 유순(由旬)을 지나면 또 하나의 바다가 있는데

由	旬	又	有	一	海	其	苦	倍	此
지날 유	열흘 순	또 우	있을 유	하나 일	바다 해	그 기	괴로울 고	곱 배	이 차
田 5획	日 6획	又 2획	月 6획	一 1획	氵 10획	八 8획	艹 9획	人 10획	止 6획
由	旬	又	有	一	海	其	苦	倍	此
由	旬	又	有	一	海	其	苦	倍	此
由	旬	又	有	一	海	其	苦	倍	此

기고배차(其苦倍此)

그 곳의 고통은 이곳 보다 갑절이나 되며

彼	海	之	東	又	有	一	海	其	苦
저 피	바다 해	어조사 지	동녘 동	또 우	있을 유	하나 일	바다 해	그 기	괴로울 고
彳 8획	氵 10획	丿 3획	木 8획	又 2획	月 6획	一 1획	氵 10획	八 8획	艹 9획

피해지동 우유일해 기고부배(彼海之東 又有一海 其苦復倍)

그 바다의 동쪽에 또 하나의 바다가 있는데, 그 곳의 고통은 다시 배가 됩니다.

復	倍	三	業	惡	因	之	所	招	感
다시 부	곱 배	석 삼	업 업	나쁠 악	원인 인	어조사 지	바 소	부를 초	느낄 감
彳 12획	人 10획	一 3획	木 13획	心 12획	口 6획	丿 3획	戶 8획	扌 8획	心 13획

삼업악인 지소초감(三業惡因 之所招感)

　삼업을 지은 악인으로 스스로 받은 바이니

共	號	業	海	其	處	是	也	聖	女
함께 공	부를 호	업 업	바다 해	그 기	곳 처	이 시	어조사 야	성인 성	계집 녀
八 6획	虍 13획	木 13획	氵10획	八 8획	虍 11획	日 9획	乙 3획	耳 13획	女 3획

공호업해 기처시야(共號業海 其處是也)

　함께 업해(業海)라고 부르는데 그곳이 바로 여기입니다.」

又	問	鬼	王	無	毒	曰	地	獄	何
또 우	물을 문	귀신 귀	임금 왕	없을 무	독 독	가로되 왈	땅 지	옥 옥	어느 하
又 2획	口 11획	鬼 10획	王 4획	灬 12획	母 8획	日 4획	土 6획	犭 14획	人 7획

성녀 우문귀왕무독왈지옥 하재(聖女 又問鬼王無毒曰地獄 何在)

성녀가 또 귀왕무독에게 묻기를 「지옥은 어디에 있습니까?」

在	無	毒	答	曰	三	海	之	內	是
있을 재	없을 무	독 독	대답할 답	가로되 왈	석 삼	바다 해	어조사 지	안 내	이 시
土 6획	灬 12획	母 8획	竹 12획	日 4획	一 3획	氵 10획	丿 3획	入 4획	日 9획

무독답왈 삼해지내 시대지옥(無毒答曰 三海之內 是大地獄)

무독이 대답하기를「삼해안이 바로 대지옥이며

大	地	獄	其	數	百	千	各	各	差
클 대	땅 지	옥 옥	그 기	셈 수	일백 백	일천 천	각각 각	각각 각	나머지 차
大 3획	土 6획	犭14획	八 8획	攵15획	白 6획	十 3획	口 6획	口 6획	工 10획

기수백천 각각차별(其數百千 各各差別)
  그 수는 백천이고 각각 차별이 있는데

別	所	謂	大	者	具	有	十	八	次
나눌 별	바 소	이를 위	클 대	것 자	갖출 구	있을 유	열 십	여덟 팔	다음 차
刂 7획	戶 8획	言 16획	大 3획	耂 9획	八 8획	月 6획	十 2획	八 2획	欠 6획

소위대자 구유십팔 차유오백(所謂大者 具有十八 次有五百)

그 중에서 크다고 하는것이 모두 열여덟개이며 다음이 오백개로

有	五	百	苦	毒	無	量	次	有	千
있을 유	다섯 오	일백 백	괴로울 고	독 독	없을 무	헤아릴 량	차례 차	있을 유	일천 천
月 6획	二 4획	白 6획	++ 9획	母 8획	灬 12획	里 12획	欠 12획	月 6획	十 3획

고독무량 차유천백 역무량고(苦毒無量 次有千百 亦無量苦)

그 고통과 독은 헤아릴 수 없으며 다음이 천백개로 또한 한량없는 고통이 있습니다.」

百	亦	無	量	苦	聖	女	又	問	大
일백 백	또 역	없을 무	헤아릴 량	괴로울 고	성인 성	계집 녀	또 우	물을 문	클 대
白 6획	亠 6획	灬 12획	里 12획	艹 9획	耳 13획	女 3획	又 2획	口 11획	大 3획

성녀우문대귀왕왈(聖女又問大鬼王曰)
　성녀가 또 대귀왕에게 묻기를

鬼	王	曰	我	母	死	來	未	久	不
귀신 귀	임금 왕	가로되 왈	나 아	어미 모	죽을 사	올 래	아닐 미	오랠 구	아닐 부
鬼 10획	王 4획	曰 4획	戈 7획	母 5획	歹 6획	人 8획	木 5획	ノ 3획	一 4획

아모사래미구 부지혼신 당지하취 (我母死來未久 不知魂神 當至何趣)

「내 어머니가 죽어서 온지 오래지 않은데 혼신이 어느 곳으로 갔는지 알지 못합니다.」

知	魂	神	當	至	何	趣	鬼	王	問
알 지	넋 혼	정신 신	마땅할 당	이를 지	어느 하	추창할 취	귀신 귀	임금 왕	물을 문
矢 8획	鬼 14획	示 10획	田 13획	至 6획	人 7획	走 15획	鬼 10획	王 4획	口 11획

귀왕문성녀왈(鬼王問聖女曰)
　귀왕이 성녀에게 묻기를

聖	女	曰	菩	薩	之	母	在	生	習
성인 성	계집 녀	가로되 왈	보살 보	보살 살	어조사 지	어미 모	있을 재	살 생	익힐 습
耳 13획	女 3획	曰 4획	艹 12획	艹 18획	ノ 3획	母 5획	土 6획	生 5획	羽 11획

보살지모재생 습하행업(菩薩之母在生 習何行業)

「보살님의 어머니가 살아 계실때 어떠한 행업을 익혔습니까?」

행업(行業) : 고락의 과보를 받을 선악의 행위. 몸, 입, 뜻에 의하여 짓는 모든 행위를 뜻한다.

何	行	業	聖	女	答	曰	我	母	邪
어느 하	행실 행	업 업	성인 성	계집 녀	대답할 답	가로되 왈	나 아	어미 모	사특할 사
人 7획	行 6획	木 13획	耳 13획	女 3획	竹 12획	曰 4획	戈 7획	母 5획	阝 7획

성녀답왈 아모사견 기훼삼보 (聖女答曰 我母邪見 譏毀三寶)

성녀가 대답하기를 「내 어머니는 삿된 소견으로 삼보를 비방하고 헐뜯었습니다.

기훼(譏毀) : 나무라고 헐뜯음.

見	譏	毀	三	寶	設	或	暫	信	旋
견해 견	나무랄 기	훼방할 훼	석 삼	보배 보	설령 설	혹 혹	잠깐 잠	믿을 신	돌아올 선
見 7획	言 19획	殳 13획	一 3획	宀 20획	言 11획	戈 8획	日 15획	人 9획	方 11획

설혹잠신 선우불경 (設或暫信 旋又不敬)

설혹 잠시 믿는 척 하다가도 곧 또한 불경(不敬)을 저지르곤 했으니

214 지장경

又	不	敬	死	雖	日	淺	未	知	何
또 우	아닐 불	공경할 경	죽을 사	비록 수	날 일	얕을 천	아닐 미	알 지	어느 하
又 2획	一 4획	攵 13획	歹 6획	隹 17획	日 4획	氵 11획	木 5획	矢 8획	人 7획

사수일천 미지하처(死雖日淺 未知何處)

돌아가신지가 얼마되지 않으니 어느 곳에 있는지 알지 못합니다.」

處	無	毒	問	曰	菩	薩	之	母	姓
곳 처	없을 무	독 독	물을 문	가로되 왈	보살 보	보살 살	어조사 지	어미 모	성 성
虍 11획	灬 12획	母 8획	口 11획	曰 4획	艹 12획	艹 18획	ノ 3획	母 5획	女 8획
處	無	毒	問	曰	菩	薩	之	母	姓
處	無	毒	問	曰	菩	薩	之	母	姓
處	無	毒	問	曰	菩	薩	之	母	姓

무독문왈 보살지모 성씨하등(無毒問曰 菩薩之母 姓氏何等)

　무독이 묻기를「보살님의 어머니 성씨가 무엇입니까?」

氏	何	等	聖	女	答	曰	我	父	我
씨 씨	어느 하	무리 등	성인 성	계집 녀	대답할 답	가로되 왈	나 아	아비 부	나 아
氏 4획	人 7획	竹 12획	耳 13획	女 3획	竹 12획	曰 4획	戈 7획	父 4획	戈 7획

성녀답왈 아부아모 구바라문종(聖女答曰 我父我母 俱婆羅門種)

성녀가 대답하기를 「내 아버지, 내 어머니 모두가 바라문종(種)인데

母	俱	婆	羅	門	種	父	號	尸	羅
미 모	다 구	춤추는모양바	벌릴 라	문 문	종족 종	아비 부	부를 호	주검 시	벌릴 라
母 5획	人 10획	女 11획	罒 19획	門 8획	禾 14획	父 4획	虍 13획	尸 3획	罒 19획
母	俱	婆	羅	門	種	父	號	尸	羅
母	俱	婆	羅	門	種	父	號	尸	羅
母	俱	婆	羅	門	種	父	號	尸	羅

부호시라선견 모호열제리(父號尸羅善見 母號悅帝利)

아버지는 시라선견(尸羅善見)이라 부르고 어머니는 열제리(悅帝利)라 부릅니다.」

善	見	母	號	悅	帝	利	無	毒	合
착할 선	볼 견	어미 모	부를 호	기쁠 열	임금 제	이로울 리	없을 무	독 독	합할 합
口 12획	見 7획	母 5획	虍 13획	忄 10획	巾 9획	刂 7획	灬 12획	母 5획	口 6획

무독합장계보살왈(無毒合掌啓菩薩曰)

　무독이 합장하고 보살께 여쭈어 말하기를
★啓(계) : 열 계, 열어볼 계, 가르칠 계, (여기서는)여쭐 계

掌	啓	菩	薩	曰	願	聖	者	却	返
손바닥 장	여쭐 계	보살 보	보살 살	가로되 왈	원할 원	성인 성	사람 자	물러날 각	돌아올 반
手 12획	口 11획	艹 12획	艹 18획	日 4획	頁 19획	耳 13획	耂 9획	卩 7획	辶 8획

원성자각반 무지우억비련(願聖者却返 無至憂憶悲戀)

　원하옵건데 성자께서는 돌아가시고 너무 근심하거나 슬퍼하지 마십시요.
　우억(憂憶) : 근심과 걱정
　비련(悲戀) : 슬프게 생각하는것, 슬피 사모함.

無	至	憂	憶	悲	戀	悅	帝	利	罪
없을 무	이를 지	근심 우	생각할 억	슬퍼할 비	그리워할 련	기쁠 열	임금 제	이로울 리	허물 죄
灬 12획	至 6획	心 15획	忄 16획	心 12획	心 23획	忄 10획	巾 9획	刂 7획	罒 13획

열제리죄녀생천이래(悅帝利罪女生天以來)

열제리 죄녀(悅帝利罪女)가 천상에 태어난지가

女	生	天	以	來	經	今	三	日	云
계집 녀	날 생	하늘 천	부터 이	다가올 래	지날 경	이제 금	석 삼	날 일	이를 운
女 3획	生 5획	大 4획	人 5획	人 8획	糸 13획	人 4획	一 3획	日 4획	二 4획

경금삼일(經今三日)

   지금 삼일이 지났습니다.

承	孝	順	之	子	爲	母	設	供	修
이을 승	효도 효	순할 순	어조사 지	아들 자	위할 위	어미 모	베풀 설	바칠 공	닦을 수
手 8획	子 7획	頁 12획	ノ 3획	子 3획	爪 12획	母 5획	言 11획	人 8획	人 10획
承	孝	順	之	子	爲	母	設	供	修
承	孝	順	之	子	爲	母	設	供	修
承	孝	順	之	子	爲	母	設	供	修

운승효순지자 위모설공수복(云承孝順之子 爲母設供修福)

효순한 자식이 어머니를 위해 공양을 베풀어 복을 닦아

승효순지자(承孝順之子) : 효순을 이은 자식

'云'자는 나중에 해석함(如來塔寺 다음에…)

★承(승) : 이을 승, 받들 승

福	布	施	覺	華	定	自	在	王	如
복 복	베풀 보	베풀 시	깨달을 각	빛날 화	정할 정	스스로 자	있을 재	임금 왕	같을 여
示 14획	巾 5획	方 9획	見 20획	艹 12획	宀 8획	自 6획	土 6획	王 4획	女 6획

보시각화정자재왕여래 탑사(布施覺華定自在王如來 塔寺)

각화정자재왕여래의 탑사에 보시했다고 하니

來	塔	寺	非	惟	菩	薩	之	母	得
올 래	탑 탑	절 사	아닐 비	오직 유	보살 보	보살 살	어조사 지	어미 모	얻을 득
人 8획	土 13획	寸 6획	非 8획	忄 11획	⺿ 12획	⺿ 18획	丿 3획	母 5획	彳 11획

비유보살지모득탈지옥(非惟菩薩之母得脫地獄)

　다만 보살의 어머니만 지옥에서 벗어난 것이 아니라

　비유(非惟) : 다만 …이 아니라, 오직 …뿐만 아니라

　★得(득) : 얻을 득, 만족할 득, 잡을 득, 잘할 득

　　(能也, 조동사, 영어의 can과 같이 쓰임. 여기서는 본동사 脫의 조동사로 쓰였다.)

脱	地	獄	應	是	無	間	此	日	罪
벗어날 탈	땅 지	옥 옥	응당 응	이 시	없을 무	사이 간	이 차	날 일	허물 죄
月 11획	土 6획	犭 14획	心 17획	日 9획	灬 12획	門 12획	止 6획	日 4획	罒 13획

응시무간 차일죄인(應是無間 此日罪人)

응당 이 무간지옥에 있던 이날 죄인은

人	悉	得	受	樂	俱	同	生	訖	鬼
사람 인	다 실	얻을 득	받을 수	즐길 락	함께 구	한가지 동	날 생	마칠 흘	귀신 귀
人 2획	心 11획	彳 11획	又 8획	木 15획	人 10획	口 6획	生 5획	言 10획	鬼 10획

실득수락 구동생흘(悉得受樂 俱同生訖)

　모두가 함께 천상에 태어나 즐거움을 누리게 되었나이다.

　득(得) : 조동사 can과 같은 용법.

★ 訖(흘) : 이를 흘, 마칠 흘(완료의 뜻. 生訖 : 태어났다는 완료형)

王	言	畢	合	掌	而	退	婆	羅	門
임금 왕	말씀 언	마칠 필	합할 합	손바닥 장	어조사 이	물러날 퇴	춤추는모양 바	벌릴 라	문 문
王 4획	言 7획	田 11획	口 6획	手 12획	而 6획	辶 10획	女 11획	罒 19획	門 8획

귀왕언필 합장이퇴(鬼王言畢 合掌而退)

　귀왕이 말을 마치자 합장하고 물러나니

228 지장경

女	尋	如	夢	歸	悟	此	事	已	便
계집 녀	찾을 심	같을 여	꿈 몽	돌아올 귀	깨달을 오	이 차	일 사	이미 이	문득 변
女 3획	寸 12획	女 6획	夕 14획	止 18획	忄 10획	止 6획	亅 8획	己 3획	人 9획

바라문녀심여몽귀 오차사이(婆羅門女尋如夢歸 悟此事已)

바라문녀는 곧 꿈같이 돌아와서 이러한 일을 깨닫고

★ 尋(심) : 찾을 심, 인할 심, 쓸 심(用也), 아까 심(俄也), 여덟자 심(八尺), 항상 심
   (여기서는) 이을 심, (이어, 곧 의 뜻)

於	覺	華	定	自	在	王	如	來	塔
어조사 어	깨달을 각	빛날 화	정할 정	스스로 자	있을 재	임금 왕	같을 여	올 래	탑 탑
方 8획	見 20획	艹 12획	宀 8획	自 6획	土 6획	王 4획	女 6획	人 8획	土 13획

변어 각화정자재왕여래탑상지전 입홍서원(便於 覺華定自在王如來塔像之前 立弘誓願)

  문득 각화정자재왕여래의 탑상앞에서 큰 서원을 세우기를

★便(편):편할 편, 소식 편, 편지 편, 편리할 편, 똥오줌 변, 문득 변

像	之	前	立	弘	誓	願	願	我	盡
형상 상	어조사 지	앞 전	설 입	클 홍	맹세할 서	원할 원	원할 원	나 아	다할 진
人 14획	丿 획	刂 9획	立 5획	弓 5획	言 14획	頁 19획	頁 19획	戈 7획	皿 14획

원아진미래겁(願我盡未來劫)

「원컨대 나는 미래겁이 다하도록

미래겁(未來劫) : 미래의 한량없는 세월

未	來	劫	應	有	罪	苦	衆	生	廣
아닐 미	다가올 래	겁 겁	응당 응	있을 유	허물 죄	괴로울 고	무리 중	날 생	넓을 광
木 5획	人 8획	力 7획	心 17획	月 6획	罒 13획	艹 9획	血 12획	生 5획	广 15획

응유죄고중생 광설방편 사령해탈(應有罪苦衆生 廣說方便 使令解脫)

응당 죄고(罪苦)가 있는 중생을 위하여 널리 방편을 베풀고 그들로 하여금 해탈하게 할 것이다.」라고 하였느니라.

説	方	便	使	令	解	脱	佛	告	文
베풀 설	떳떳할 방	편할 편	하여금 사	하여금 령	벗을 해	벗어날 탈	부처님 불	알릴 고	빛날 문
言 11획	方 4획	人 9획	人 8획	人 5획	角 13획	月 11획	人 7획	口 7획	文 4획

불고문수사리(佛告文殊師利)

  부처님께서 문수사리에게 이르시기를

殊	師	利	時	鬼	王	無	毒	者	當
뛰어날 수	스승 사	이로울 리	때 시	귀신 귀	임금 왕	없을 무	독 독	사람 자	마땅할 당
歹 10획	巾 10획	刂 7획	日 10획	鬼 10획	王 4획	灬 12획	母 8획	耂 9획	田 13획

시귀왕무독자 당금재수보살(時鬼王無毒者 當今財首菩薩)

「그때의 귀왕무독은 지금의 재수보살(財首菩薩)이요.」

今	財	首	菩	薩	是	婆	羅	門	女
이제 금	재물 재	우두머리수	보살 보	보살 살	이 시	춤추는모양바	벌릴 라	문 문	계집 녀
人 4획	貝 10획	首 9획	艹 12획	艹 18획	日 9획	女 11획	罒 19획	門 8획	女 3획

시 바라문녀자 즉지장보살시(是 婆羅門女者 卽地藏菩薩是)

「그때의 바라문녀는 지금의 지장보살(地藏菩薩)이니라」고 하시었다.

者	卽	地	藏	菩	薩	是			
사람 자	곧 즉	땅 지	감출 장	보살 보	보살 살	이 시			
耂 9획	卩 7획	土 6획	++ 18획	++ 12획	++ 18획	日 9획			
者	卽	地	藏	菩	薩	是			
者	卽	地	藏	菩	薩	是			
者	卽	地	藏	菩	薩	是			

사 경 회 향 문

사경제자 _____ 합장

사경마침 _____

깨어있는 불자의 참소식 도서출판 좋은인연

book.tvbuddha.org 053-475-3707,3706

홈페이지에서 도서를 주문하시면 다양한 혜택을 누리실 수 있습니다.

좋은인연의 경전조사어록 시리즈

선가귀감, 부모은중경, 임제록, 육조단경, 법화경, 달마대사어록, 치문경훈, 화엄경1~8권

좋은인연의 사경 및 공부 시리즈

〈16종 22권〉 사경과 경전공부를 함께 하는 사경시리즈
예불문, 반야심경, 천수경, 법성게, 화엄경약찬게, 불교천자, 신심명, 법화경(上·下), 백팔대참회문, 증도가, 아미타경(上·下), 금강경(上·中·下), 계초심학인문, 발심수행장, 자경문(上·下), 지장경(上·下)

좋은인연의 독송 및 기타 사경

불교전문의식, 금강반야바라밀경
한문 금강경 사경노트, 한글 금강경 사경노트, 원본 금강경사경, 원본 법화경사경 1~7권, 원본 관세음보살보문품, 신묘장구대다라니 백일노트, 신묘장구대다라니 33번쓰기, 원본 반야심경 백일노트, 반야심경 백일노트, 한글 관세음보살쓰기, 광명진언쓰기

좋은인연의 일반불서

새로운 불교공부, 법요집, 포켓불지독송집, 금강경 핵심강의, 삼천배 삼천부처님, 학습초발심자경문, 완벽한 참선법(선관쌍수), 자비수참기도법, 불교적 해석의 명심보감, 저거는 맨날 고기묵고, 길손여행, 천개의 태양보다 밝은 빛, 최상의 기도법, 인도성지순례, 티베트 체험과 달라이라마 친견, 우학스님의 빛깔있는 법문(전5권), 일일명상록, 시쾌사, 불교혁신론 & 포교문, 우학스님 명심보감 강의(전2권), 화엄경약찬게법문, 미국에서(전2권), 명상일기(전2권), 좋은 세상나소서, 감사하고 사랑하며, 공감, 희망을 주는 불교명언명구, 내 인생 최고의 만남 붓다(화약법문2), 참좋은 세상, 한시사랑 통쾌한 일, 지혜로운 삶(신심명강설), 무문관강론, 아~부처님, 무문관 첫 백일일기, 천일 무문관 수행일기(2,3권) 외 다수

좋은인연의 우리말사경

우리말 금강반야바라밀경, 우리말 관세음보살보문품, 우리말 법성게(33번쓰기), 우리말 반야심경(33번쓰기), 우리날 천수경, 우리말 화엄경 게송 사경(전7권), 우리말 법화경 사경(전7권)

도서출판 좋은인연은

부처님 말씀을 독자들에게 전하는 연결고리입니다.

좋은인연은 맑은 이야기를 전합니다.

無一 우학 스님

대한불교 조계종 영축총림 통도사에 출가하여 성파 대화상을 은사로 득도하였다. 대학에서 선학(禪學)을 전공하였으며 선방, 토굴, 강원, 무문관에서 참선 등 정통 수행을 체계적으로 닦아왔다. 성우 대율사로부터 비니(毘尼) 정맥을 이었다. 오래전부터 간화선을 한 단계 발전 시킨 선관쌍수로서 후학들을 지도하고 있다.

사경 및 공부 시리즈 ⑫
지장경(상)

1996년 3월 12일   초판발행
2017년 4월 25일   개정초판 2쇄

편저자   無一 우학 스님
펴낸곳   도서출판 좋은인연(한국불교대학 부속출판사)
엮은곳   한국불교대학 교재편찬회
편집   김현미 모상미 김규미

출판등록   제4-88호
주소   대구광역시 남구 중앙대로 126
전화   053-475-3707, 6
홈페이지   http://book.tvbuddha.org

ISBN   978-89-86829-31-0 (04220)
잘못된 책은 구입한 곳에서 바꿔드립니다.